PROXIMA-LOGBUCH 5: EVOLUTION

Hard Science Fiction

BRANDON Q. MORRIS

ISBN: 978-3-96357-217-3

Lizenzausgabe des Belle Époque Verlags, Dettenhausen, mit freundlicher Genehmigung des Autors.

Brandon Q. Morris c/o Matthias Matting

Sieglgut 51, 94034 Passau

www.hardsf.de

brandon@hardsf.de

Lektorat: Dr. Ulrike Bunge

Korrektorat: Alexandra Gentara

Covergestaltung: Jelena Gajic

Druck: Custom Printing, Warszawa, Polen

BE

Belle Époque Verlag

Inhalt

Evolution

Hellnacht 7, 3970

Eva lehnt den Kopf gegen das Glas. Die Scheibe ist angenehm kühl. In den Stunden nach dem Verlassen der Schlafkapseln fühlt sie sich immer wie aus dem Magen eines Riesen erbrochen. Sie riecht am Ärmel ihrer Jacke. Das Kleidungsstück ist nie mit der Brühe in den Schlaftrögen in Kontakt gekommen, doch das säuerliche Aroma hat sich auch hier festgesetzt.

Aber die Grosnopfe vertragen die lange Reise im Schlaf auch nicht besser. Das hat ihr Ragnor verraten, als er sie geweckt hat. Ragnor, der junge Grosnopf, dem sie das Leben gerettet hat. Er hat sich kaum verändert, aber das ist ja auch der Sinn der Behälter – das Altern der Zellen ihrer Nutzer anzuhalten, so gut es geht.

Bei ihrem Gehirn scheint das diesmal nicht so gut funktioniert zu haben. An die letzten Tage vor dem Abflug erinnert sich Eva nur noch bruchstückhaft. Ihr Bruder Adam hatte sie zurück zur Majestätischen Dracht gebracht, aber dann?

Ein Gewicht legt sich auf ihre Schulter. Sie dreht sich um. Vor ihr steht ein schlanker, etwa zwei Meter hoher Roboter auf zwei Beinen. Er besitzt, sie muss durchzählen, fünf, nein sechs Arme. Vier entspringen seitlich am Rumpf, zwei am Rücken, so wie der, der seine Hand auf ihre Schulter gelegt hat. Der Kopf ist eiförmig, beinahe menschlich, und mit dem Rumpf über einen kurzen, seltsam dünnen Hals verbunden.

Das kann nur Marchenko sein. In Grosnopfaugen muss diese Körperform den Gipfel der Hässlichkeit darstellen, also würde kein Schiffsingenieur so einen Roboter konstruieren.

»Du hast dich ja ganz schön umgebaut«, sagt Eva.

Hoffentlich hat er nicht auch seine Stimme verändert. Dass Marchenko in vielen Formen auftritt, ist normal. Aber ohne seine sonore, freundliche Stimme wäre es nicht mehr ihr Marchenko. Ihr Vater.

»Ich hatte sehr viel Zeit, während ihr geschlafen habt.«

Er ist es. Eva lächelt und streichelt die Hand auf ihrer Schulter. Sie ist warm, und die Oberfläche ist weich.

»Das fühlt sich ja fast wie Haut an«, sagt sie.

Marchenko lacht. »Dann hat es funktioniert.«

»Nanofabrikatoren?«

»Nein. Das ist ein Biopolymer aus synthetisch hergestellten Zellen. Allein die Technologie zu entwickeln, hat drei Jahre gedauert, und dann mussten die Zellen zwei Jahre in Tanks wachsen.«

»Du hattest wirklich viel Zeit.«

»Über 40 Jahre. Ihr habt mir gefehlt.«

»Du hattest ja das Allwissen und Francesca.«

»Das ist nicht dasselbe. Francesca ist doch stark limitiert, und das Allwissen hat Seiten, die mir absolut fremd sind. Da habe ich mir die Zeit lieber mit Spielereien wie dieser Haut vertrieben.«

»Wie meinst du das?«, fragt Eva.

»Die Spielereien?«

»Nein, die fremdartigen Seiten des Allwissens.«

»Es ist schwer zu beschreiben. Vielleicht ist es nur sein enormes Alter, aber mir scheint mehr dahinterzustecken. Ich bin mir nicht sicher, wo es herkommt. Es soll ja von den Grosnopfen evolutionär entwickelt worden sein, aber manchmal habe ich das Gefühl, in ihm stecke ein Millionen Jahre alter Kern.«

»Von den Erbauern des Dunkle-Materie-Antriebs?«

»Ja, Eva.«

»Das ist spannend. Von ihnen könnten wir bestimmt viel lernen.«

»Ich bin nicht sicher, ob sie ihr Wissen teilen würden. Im Gegenteil. Deshalb bin ich froh, dass wir keine weiteren Spuren von ihnen gefunden haben.«

Mit einem Mal zeichnet Marchenkos Körper einen Schatten auf den Boden des Ganges. Eva dreht sich zurück zur Scheibe. Die Dracht hat durch ihre Rotation den Blick auf einen hellen Stern freigemacht, der weißes Licht durch das Fenster wirft.

»Ist das …?«, fragt sie.

Genau so müsste die Sonne aussehen, der Zentralstern der Erde, etwa vom Uranus aus betrachtet, dem siebenten Planeten. Eva hätte eigentlich eine trübere Funzel erwartet, denn Gronar hatte darauf bestanden, vor dem Flug zur Erde einen Roten Zwergstern aufzusuchen. Hat sich Francesca doch noch durchgesetzt, die ihre Aufgabe darin sieht, Adam und Eva nach Hause zur Erde zu bringen?

»Das ist nicht die Sonne«, sagt Marchenko. »Aber der Stern ist ihr sehr ähnlich, das stimmt. Es ist Epsilon Eridani. Ein Kompromiss, den das Allwissen vorgeschlagen hat.«

»Das Allwissen?«

»Es behauptet, hier gäbe es einen terrestrischen Planeten, der als künftige Heimat der Grosnopfe in Frage kommt. Außerdem liegt Epsilon Eridani nur 7,8 Lichtjahre von unserem Ausgangspunkt Sirius entfernt.«

»Behauptet?«

»Weder die Grosnopfe noch die Menschen wissen von einem solchen Planeten.«

»Aber das Allwissen …«

»Jetzt weißt du, warum ich ihm nicht völlig traue. Es kann selbst nicht erklären, woher dieses Wissen kommt.«

»Und, hatte es recht?«

»Ja. Epsilon Eridani besitzt einen Gesteinsplaneten, etwas kleiner als die Erde, der seinen Stern ungefähr in der bewohnbaren Zone umkreist.«

Hellnacht 8, 3970

MARCHENKO DRÜCKT mit einer seiner sechs Hände auf einen großen, silbern glänzenden Knopf, und das Schott schließt sich. Eva sieht ungläubig an sich herunter. Sie stehen in einer Schleuse, und sie trägt keinen Raumanzug. Adam geht in dem kleinen Raum auf und ab. Sie kann seine Unsicherheit riechen.

»Ihr müsst euch keine Sorgen machen«, sagt Marchenko.

»Ich weiß«, sagt Adam. »Es fühlt sich trotzdem seltsam an.«

So ist es. Eva hat bestimmt schon hundert Mal oder öfter eine Schleuse betreten, aber nie ohne Raumanzug. Jetzt trägt sie einfach bloß den neuen Trainingsanzug, den Marchenko ihr geschenkt hat.

Mit einem Zischen öffnet sich das Außenschott. Eva hält unwillkürlich die Luft an.

»Das würde dir im Ernstfall auch nicht helfen«, sagt Adam und sticht ihr mit dem Finger in die Seite, sodass sie lachen und ausatmen muss.

»Ich weiß, Klugscheißer.«

Aus dem Bereich jenseits des Schotts dringt Dampf in die Schleuse, der über den Boden wabert. Eva bekommt eine Gänsehaut.

»Nun kommt«, sagt Marchenko. »Das ist bloß die Luftfeuchtigkeit. Die Luft da drüben muss ziemlich kalt sein. Tut mir leid, das habe ich vergessen.«

Da drüben? Was meint Marchenko bloß damit? Er hat ihnen die Überraschung nicht verraten wollen. Hinter dem Schott ist nur Dunkelheit, in die der Roboter nun seinen Kopf steckt. Dann kriecht er ganz hinein. Eva folgt ihm in einen runden Gang. So, wie Marchenko sich bewegt, muss das Material elastisch sein. Sie geht auf alle viere und kriecht ebenfalls hinein. Unter ihren Händen und Knien ist ein gummiartiger Stoff, der sich bei jedem Schritt bewegt.

»So muss sich Arschkriechen anfühlen«, sagt Adam von hinten, und sie prustet los, obwohl sie den Satz gar nicht so lustig findet. Das muss die Nervosität sein.

»Bitte das Material nicht beschädigen«, sagt Marchenko. »Dahinter wartet tödliches Vakuum auf uns.«

Eva kriecht sofort vorsichtiger.

»Das hättest du uns ja auch gleich sagen können.«

»Das war bloß ein Scherz«, sagt Marchenko. »Keine Sorge, das Material ist stabil. Es besteht aus einem Spezialgummi mit ganz vielen kleinen Luftkammern.«

»Hast du das auch wachsen lassen?«, fragt Eva.

»Nein, da haben Nanofabrikatoren nachgeholfen.«

Sie stößt mit der rechten Hand an einen von Marchenkos Füßen und hält an.

»Moment«, sagt Marchenko.

Erst hört Eva ein Quietschen, dann fällt plötzlich warmweißes Licht in den Gang. Sie haben wohl das Ziel erreicht. Marchenko kriecht weiter und macht endlich Platz, sodass sie erkennen kann, wohin der Gang führt.

Es ist das Orbitalmodul des Messengerschiffes von Sirius Ab.

»He, danke!«, ruft sie.

Endlich sind sie wieder zu Hause. Es war zwar nicht dieses Schiff, mit dem sie auf Proxima Centauri b angekommen sind, aber es handelt sich um eine baugleiche Kopie mit wenigen Unterschieden. 18 Jahre hat sie darin verbracht, und zwar nicht im Schlaf wie auf der Dracht, gemeinsam mit

Adam, aufgezogen und unterhalten von Marchenko. Es waren schöne, unschuldige Zeiten, an die sie sich immer noch gern erinnert.

Eine Hand schiebt von hinten.

»Nun mach schon«, sagt Adam.

Eva kriecht aus dem Schlauch. Er endet etwas über dem Boden des Moduls, sodass sie beim Aussteigen ins Stolpern gerät. Marchenko fängt sie auf.

»Das ist ja mal eine tolle Überraschung«, sagt Adam.

Ihr Bruder schiebt sich an ihr vorbei. Sie ahnt schon, was ihn interessiert.

»Da ist es ja, unser Prachtstück«, sagt er schließlich. »Ich hoffe, der Nahrungsbereiter funktioniert auch?«

»Ja, das Orbitalmodul enthielt genügend Nanofabrikatoren«, sagt Marchenko. »Ich habe ihn mit allen wichtigen Rezepten ausgestattet.«

»Du bist der Beste«, sagt Adam. »Nie wieder Grosnopf-Fraß!«

»Aber wieso der Schlauch?«, fragt Eva.

»Es gab einfach keine passende Schleuse, über die ihr direkt hättet umsteigen können. Also musste ich mir etwas einfallen lassen.«

»Und Gronar hatte nichts dagegen?«, fragt Adam.

»Nein, warum auch? Im Vergleich zur Dracht ist das Modul ein Fliegenschiss. Wir sind damit kein bisschen langsamer. Das Orbitalmodul ist fest in die Struktur des gesamten Raumschiffs integriert.«

»Wir können also nicht damit davonfliegen?«

»Nein, Adam, aber warum sollten wir? Die Dracht besitzt genügend Shuttles und Beiboote, um unser Ziel zu erforschen.«

»Was ist denn überhaupt unser Ziel?«, fragt Adam. »Ich dachte immer, Gronar wollte zuerst irgend so einen Roten Zwerg anfliegen?«

»Warte«, sagt Marchenko. »Ich zeige es euch gleich.«

Sie sitzen um einen Tisch, in den ein Bildschirm eingelassen ist. Eva kann sich nicht an so ein Möbelstück erinnern.

»Hatten wir auch so etwas?«, fragt sie.

»Am Anfang schon«, sagt Marchenko. »Aber ihr habt immer damit herumgespielt, sodass ich es in einen normalen Tisch umbauen musste.«

»Aber du hättest uns doch ruhig spielen lassen können«, sagt Adam.

»Du vergisst, dass damit Zugriff auf die Schiffssteuerung möglich ist. Ich habe nie herausgefunden, wie du es geschafft hast, aber einmal hättet ihr uns beinahe unwiderruflich vom Kurs abgebracht.«

»Das war Eva«, sagt Adam und zeigt auf sie.

Dieser Verräter. Sie zieht eine Schnute.

»Aber wie?«, fragt Marchenko. »Ich habe doch immer aufgepasst, wenn ich mich eingeloggt habe.«

»Du hast nicht nach oben gesehen«, erklärt Eva. »In einer antriebslosen Phase habe ich dir von der Decke aus zugesehen. Da hatte ich den besten Blick, den man haben kann. Ich hatte nur Angst, dass du mich über eine Spiegelung bemerken würdest.«

»Ah, das war natürlich schlau. Oder dumm. Wenn ich es nicht im letzten Moment bemerkt hätte, wären wir auf ewig durch das All getrieben. Ihr habt da wirklich ganze Arbeit geleistet.«

»Das war Adam«, sagt Eva. »Ich habe nur dein Login besorgt.«

»Verräterin!«

»Selber!«

»Nicht streiten. Irgendwie benehmt ihr euch automatisch wieder wie Kinder, wenn wir uns in eurer Kinderstube aufhalten.«

»Verräterin!«

»Verräter!«

»He, Ruhe! Adam, was wolltest du denn damals erreichen?«, fragt Marchenko.

»Das Zentrum der Milchstraße. Du hattest uns von dem

Schwarzen Loch dort erzählt, Sagittarius A*. Das fand ich so faszinierend, dass ich unbedingt hinfliegen wollte.«

»Aber ich hatte doch auch gesagt, dass es 25.000 Lichtjahre entfernt ist?«

»Wir waren sieben oder acht Jahre alt. Ob 25 oder 25.000, das war mir egal.«

»Verstehe. Ihr habt damals beide dichtgehalten, selbst als ich gedroht habe, den Tisch zu demontieren.«

»Ehrensache«, sagt Adam.

»Ehrensache«, wiederholt Eva. »Aber was ist nun mit unserem Ziel?«

Marchenko tippt mit allen sechs Händen auf dem Bildschirm. Es ist ein faszinierender Anblick, wie koordiniert sich die Arme dabei verhalten.

»Wie lange hast du das denn geübt?«, fragt Eva.

»Was? Meine Arme zu benutzen?«

»Ja.«

»Etwa ein Jahr. Aber es hat drei Monate gedauert, bis ich mit sechs Armen wieder so viel leisten konnte wie vorher mit vier. Ich bin froh, dass mich am Anfang niemand sehen konnte.«

»Francesca muss dich doch gesehen haben, und das Allwissen«, sagt Adam.

»Sie haben meine Übungen nicht kommentiert. Aber wenn ein Grosnopf mich beobachtet hätte … Na gut, unser Ziel«, sagt Marchenko, während sich auf dem Bildschirm eine donutförmige Wolke bildet.

»Was ist das?«, fragt Eva.

»Das wollte ich gerade erklären. Es handelt sich um eine Staubscheibe, die den Stern umgibt, und zwar in 35 bis 75 Astronomischen Einheiten Abstand.«

»Ein Rest der protoplanetaren Scheibe?«, fragt Adam.

»Nein, der Staub stammt nicht aus der Entstehungszeit des Systems. Er muss später erst entstanden sein, sonst dürfte er heute nicht mehr existieren. Der Stern hat zwar weniger als ein Viertel des Alters unserer Sonne, aber so jung ist er eben auch nicht mehr. Man kann schätzen, dass Objekte mit insgesamt dem Elffachen der Masse der Erde zusammengestoßen sein müssen, um diese Staubscheibe zu erzeugen. Ein Teil davon umkreist nun als Kometen den Stern.«

»Interessant. Aber ist das ein Problem für unseren Anflug?«

»Nein, Adam, überhaupt nicht. Wir sind gar nicht aus der Ebene der Ekliptik dieses Systems eingetroffen, sondern quasi von oben.«

»Gut. Warum zeigst du es uns dann?«

»Ihr solltet wissen, wem wir einen Besuch abstatten.«

Die Staubscheibe verschwindet. Dafür erscheinen nun zwei deutlich kleinere Ringe.

»Noch mehr Staub?«, fragt Adam.

»Auch, aber vor allem Asteroiden. Das System besitzt zwei Asteroidengürtel. Einer liegt weiter draußen, bei 20 AE, der andere weiter innen, bei 3 AE. Der innere könnte schon eher zum Problem werden, denn wir sind bei 5 AE in die Ekliptik eingetaucht. Aber ihr wisst ja, wie dünn so ein Asteroidengürtel normalerweise ist.«

»Das hast du uns oft genug gepredigt«, sagt Eva. »Bei der Ankunft bei Proxima Centauri hat es sich damals aber gar nicht so angefühlt.«

»Stimmt, da hatten wir eine Menge Pech. Natürlich kann sich das Material auch mal an bestimmten Stellen zusammenklumpen. So scheint es auch hier zu sein. Das war übrigens auch der Grund, warum das Allwissen unbedingt zu Epsilon Eridani wollte.«

»Warum ist das ein Grund?«, fragt Adam.

»Solche Klumpen müssen ja eine Ursache haben, und dabei könnte es sich um einen bisher unentdeckten Planeten handeln.«

»Ich sehe bisher noch keinen«, sagt Eva.

»Moment.«

Die beiden Ringe verblassen, und zwischen ihnen taucht eine marmorierte Kugel auf.

»Das ist also unser Ziel?«, fragt Adam.

»Das ist ein Gasriese, ein bisschen kleiner als unser Jupiter«, erklärt Marchenko. »Er heißt Epsilon Eridani b oder auch AEgir.«

»Befindet er sich im bewohnbaren Bereich des Sterns?«, fragt Adam.

»Nein.«

»Hat er Monde?«

»Ein paar, ja.«

»Lohnt es sich denn überhaupt, ihn zu besuchen?«, fragt Adam.

»Nein, er ist ja auch nicht unser Ziel. Ich wollte ihn euch nur gezeigt haben. Übrigens bewegt sich der Planet auf einer stark elliptischen Bahn, kein Vergleich mit unserem Jupiter.«

»Du machst es ja heute mal wieder spannend«, sagt Adam.

Der Planet AEgir verblasst ebenfalls. Daraufhin erscheint noch innerhalb des ersten, engeren Asteroidengürtels eine weitere Kugel. Sie ist deutlich kleiner als AEgir.

»Das ist unser Ziel«, sagt Marchenko. »Epsilon Eridani c. Einen besseren Namen haben wir noch nicht.«

»Das Allwissen hatte also recht«, sagt Adam.

»Nennen wir ihn … Paradies«, sagt Eva.

»Ha ha, Adam und Eva im Paradies, das wär's«, sagt Adam. »Und wer ist die Schlange?«

Marchenko lächelt. Das ist erstaunlich! Bisher war sein Robotergesicht nie in der Lage gewesen, Emotionen auszudrücken. Es hatte ihr Verhältnis nie gestört, weil sie schon seit ihrer Kindheit gelernt hatten, den Klang von Marchenkos Stimme zu interpretieren. Aber trotzdem – er hat die Zeit für sich offenbar gut genutzt.

»Es tut mir leid«, sagt er, »aber Gronar will unter der Mannschaft einen Wettbewerb durchführen. Wer ihn gewinnt, darf dem Planeten einen Namen geben.«

»Schade«, sagt Eva. »Weißt du, dass du gerade gelächelt hast?«

»Oh, ist es dir aufgefallen? Dann muss ich den Mimikkoeffizienten wohl noch etwas verringern. Ich möchte, dass es ganz natürlich wirkt, nicht übertrieben.«

»Das ist dir gelungen, Marchenko«, sagt Eva. »Es ist genau richtig so. Mir fiel es nur auf, weil du vorher noch nie gelächelt hast.«

»Wie, echt? Du hast nie gelächelt?«, fragt Adam.

»Meinst du die Frage ernst?«, fragt Eva.

»Ich hatte tatsächlich keine Mimik«, sagt Marchenko. »Das wollte ich in der neuen Version meines Körpers ändern.«

Die Haut, das Lächeln. Könnte es sein, dass Marchenko sich langsam auf die Ankunft auf der Erde vorbereitet? Nur die zwei zusätzlichen Arme sprechen dagegen.

»Interessant«, sagt Adam. »Also meinetwegen wäre es nicht nötig gewesen, aber wenn es gut für dich ist ...«

»Das ist es. Aber seht euch nur den Planeten an. Er ist ein kleines Wunder.«

»Ein Wunder? Du übertreibst, Marchenko«, sagt Adam.

»Aber sieh doch, der Planet hat die perfekte Größe, etwas kleiner als die Erde. Und er befindet sich in einem solchen Abstand von seiner Sonne, dass die Gleichgewichtstemperatur bei knapp 20 Grad Celsius liegen dürfte. In der Atmosphäre haben wir spektroskopisch bereits Sauerstoff und Wasserdampf festgestellt, und die Albedo spricht dafür, dass es Wolken und Ozeane gibt.«

»Gut, der Planet könnte für Leben geeignet sein, aber das ist doch gar nicht so ungewöhnlich«, sagt Adam. »Selbst auf Proxima b haben wir Leben gefunden.«

Adam tut manchmal so abgeklärt, aber das passt gar nicht zu ihm. Eva kratzt sich unter der Achsel.

»Du vergisst, dass das Leben hier vermutlich noch ganz am Anfang steht«, sagt Marchenko. »Das ganze System ist keine Milliarde Jahre alt. Zu dieser Zeit war die Erde noch steril.«

Er wirkt richtig begeistert. Seine Mimik funktioniert hervorragend. Wie lange mag er daran gearbeitet haben?

»Wenn wir Pech haben, finden wir also nur Wüsten vor«, sagt Adam.

»Das wäre gar nicht so verkehrt«, sagt Marchenko, »denn

es würde uns alle Freiheiten lassen. Verstehst du es nicht? Das Schicksal liefert uns einen jungen, für Leben geeigneten Planeten. Damit haben wir die Möglichkeit, den Keim für die Zukunft zu legen. Wir können die Entwicklung in Gang setzen, Leben schaffen, eine ganze Welt! Und wir könnten dabei die Fehler vermeiden, die der Evolution auf der Erde passiert sind.«

Ob Marchenko da ihre Möglichkeiten nicht doch überschätzt?

»Ach, du willst Gott spielen, Marchenko. Sag das doch gleich. Dann war ja Evas Gedanke mit dem Paradies gar nicht so verkehrt.«

»Dann würden wir das Pferd falsch herum aufzäumen, Adam. Der Mensch ist doch nicht die Krone der Schöpfung. Dieser Planet bietet das Potenzial, eine wirklich intelligente Spezies hervorzubringen. Die Evolution ist viel zu zufallsgesteuert. Wir könnten aus ihren Fehlern lernen und sie zum Idealzustand führen.«

»Ich glaube, die 40 Jahre allein haben dir nicht gutgetan, Marchenko«, sagt Adam.

»Siehst du das auch so?«, fragt Marchenko.

Marchenko dreht sich zu ihr um. Er hat alle sechs Arme hinter dem Rücken verschränkt. Jetzt erinnert er Eva an einen Schuljungen, der das Urteil seiner strengen Lehrerin erwartet. Sie stellt sich vor, wie er vierzig Jahre lang allein mit sich war, wie er an seinen Ideen gefeilt hat, ohne je Rückmeldung zu bekommen. Wie sie sich verfestigt haben. Wie sie ihm erst verrückt erschienen und er sich an sie gewöhnte. Marchenko konnte nicht wissen, welchen Planeten sie vorfinden würden. Er muss seine größenwahnsinnigen Ideen also ohne konkreten Anlass entwickelt haben. Wie alt ist sein Bewusstsein bereits? Wann wurde es von seinem Körper getrennt? Eva überschlägt ihre Reisen. Das könnte nun über 200 Jahre her sein, und anders als sie hat er keine Sekunde davon verschlafen.

Sie muss vorsichtig sein und darf ihn nicht vor den Kopf stoßen.

»Nun warten wir doch erst mal ab«, sagt sie. »Wenn es

dort unten bereits Leben gibt, hat sich dein Plan doch sowieso erledigt.«

»Aber dann …«, beginnt Marchenko.

»Dann?«, fragt Eva.

»Nichts. Du hast recht. Wir müssen abwarten, was uns dort unten erwartet.«

»Wie lange brauchen wir noch? Ich würde mir gern mal wieder unter blauem Himmel die Beine vertreten«, sagt Adam.

»Ich kann dir keinen blauen Himmel garantieren, das hängt von der genauen Zusammensetzung der Atmosphäre ab. Er könnte auch grün sein wie auf Zweisonne.«

Zweisonne, der Planet der Grosnopfe, die sie so gastfreundlich aufgenommen hatten. Vielleicht wäre es besser gewesen, ihn nie zu verlassen. Dann wären sie zwar längst tot, so wie das andere Geschwisterpaar, das dort geblieben ist. Aber ihr Leben wäre nicht so … zerstückelt gewesen wie auf dieser Reise. Dauernd unterwegs zu sein, vielleicht ist das ja doch nichts für sie.

Blöde Gedanken. Eva schiebt sie zur Seite. Sie haben ein neues Sonnensystem erreicht. Also sollte sie sich auf den Zauber der Ankunft freuen.

Hellnacht 9, 3970

»Schau dir die Stürme am Nordpol an!«, sagt Adam und zoomt das Bild etwas.

Der Nordpol des Gasriesen ist von Sechsecken bedeckt. Eines dreht sich um den Pol, sechs weitere rotieren weiter außen wie eine Diamantkette darum, und um diese Anordnung zieht sich eine weitere Kette von zwölf Antizyklonen, die sich fast bis zum Äquator erstrecken.

»Da steckt eine Menge Energie drin«, sagt Eva. »Dem Planeten kommen wir besser nicht zu nahe.«

AEgir schrumpft zum Punkt zusammen, und eine grüne Linie erscheint auf dem Schirm. Sie hat die Form eines Ellipsenausschnitts und führt weit an dem Gasriesen vorbei, um sich in Höhe des Gesteinsplaneten an dessen Orbit anzupassen.

»Siehst du, alles sicher«, sagt Adam.

»Sicher nennst du das?«, fragt Eva und zeigt auf eine Stelle, an der die Linie beinahe den Planeten berührt.

»Das ist absolut sicher«, sagt Adam. »Wir benutzen AEgir für ein Bremsmanöver, um uns schneller auf den Orbit des inneren Planeten einstellen zu können.«

»Aber es sieht doch so aus, als würden wir die Oberfläche ankratzen.«

»Das täuscht, Eva. Der Gasriese besitzt überhaupt keine

feste Oberfläche. In der Grafik ist die Außenhülle dort eingezeichnet, wo der Druck 1 bar beträgt, also wie auf der Erdoberfläche. Aber er nimmt nach oben hin schnell ab. Gronars Experten haben das bestimmt exakt ausgerechnet. Wie heißen sie gleich? Flugbewahrer? Seit dem letzten Erwachen sind mir einige Spezialausdrücke der Grosnopfsprache entfallen.«

»Kursbewahrer, glaube ich«, sagt Eva.

»Dieser Kälteschlaf scheint meinem Gedächtnis zu schaden. Vielleicht werden wir langsam zu alt dafür.«

Adam steht auf, setzt sich auf einen Sessel und nimmt die Füße hoch. Marchenko würde ihm das verbieten, aber er ist nicht da. Sie haben die ganze Nacht im Orbitalmodul verbracht, um möglichst viele Rezepte des Nahrungsbereiters ausprobieren zu können.

»Eigentlich könnten wir doch ganz hier einziehen«, sagt Eva.

»Wenn du mich den ganzen Tag lang erträgst«, sagt Adam.

Das ist ein Problem. Das Modul besteht nur aus einem großen Raum und einem winzigen WHC.

»Du müsstest dich mit deinen Fürzen und Rülpsern ein bisschen zurückhalten«, sagt Eva.

»Da kann ich nichts versprechen.« Adam lacht. »Dafür sprichst du im Schlaf.«

»Marchenko wird versuchen, es uns auszureden. Immerhin sind wir hier außerhalb der Dracht. Ein Mini-Asteroid würde genügen, um …«

»Quatsch. Wir waren jahrelang in der Messenger unterwegs, und nie ist etwas passiert. Marchenko hat keine Argumente.«

»Was hältst du denn von seinen Plänen für den Planeten, Adam?«

Ihr Bruder setzt sich gerade hin und kratzt sich an der Nase.

»Ich weiß nicht. Ein bisschen verrückt ist es schon.«

»Er will Gott spielen«, sagt Eva.

»Aber das passt gar nicht zu ihm. Marchenko ist der pragmatischste Mensch, den ich kenne.«

»Wie viele Menschen kennst du denn?«

Adam zählt laut an seinen Fingern durch. »… drei, vier, fünf. Oder zählt Francesca auch?«

»Nein, die wurde rein aus der Erinnerung eines anderen Marchenko erschaffen.«

»Dann sind es fünf, mich selbst eingeschlossen.«

»Bei mir auch«, sagt Eva.

»Ha ha. Du bist ja heute richtig lustig drauf.«

»Eigentlich nicht. Aber du hast recht, es passt nicht zu Marchenko.«

»Und worauf willst du hinaus?«

»Sein Bewusstsein … Es muss lange auf den Computern des Schöpfers gespeichert gewesen sein. Wenn der nun daran herumgebastelt hat? Ich bitte dich, er nennt sich uns gegenüber ›Schöpfer‹. Und welche Namen er uns gegeben hat! Wäre es möglich, dass er etwas von dieser Hybris auf Marchenko übertragen hat?«

»Bewusst, meinst du? Er soll ihm das Gottspielen einprogrammiert haben?«

»Vielleicht. Wenn er auf eine Welt trifft, die sich dafür eignet … Aber es könnte auch eine unbewusste Sehnsucht sein, die der Schöpfer seinem Wesen aus Versehen mitgegeben hat.«

»Du machst dir zu viele Gedanken, Eva. Wir haben den Planeten doch noch nicht einmal erreicht. Marchenko war einfach zu lange allein. Wir werden ihn schon davon abhalten, irgendwelchen Unsinn zu veranstalten. Komm, wir schauen uns lieber noch ein paar Details von AEgir an.«

Adam lehnt sich über den Bildschirmtisch, wischt die Flugroute weg und zieht den Gasriesen wieder auf die volle Bildschirmbreite. Er rotiert die Kugel, bis der Südpol sichtbar wird. Er ist von dünnen, wabernden Vorhängen bedeckt, die in blauen, grünen und roten Tönen leuchten.

»Polarlichter«, sagt Eva.

»Ja, und was für welche«, sagt Adam. »Der Planet hat ein

starkes Magnetfeld, und der Sonnenwind des Sterns ist in dieser Entfernung noch ziemlich heftig. Es ist, als würdest du in ein loderndes Feuer blasen, und zwar mit dem Schlauch einer Sauerstoffflasche.«

»Die Polarlichter sehen aus, als hätte sie jemand frisiert«, sagt Eva. »Siehst du das?«

Sie rotiert den Planeten mit den Fingern.

»Das ist der Sonnenwind. AEgirs Rotationsachse sitzt schräg auf seiner Bahnebene. Wenn jetzt der Wind von vorn kommt …«

Adam dreht den Planeten noch ein Stück weiter. Eva hört nicht mehr, was sie sagt, denn plötzlich merkt sie, wie sehr ihr ihr Bruder fehlen würde, wäre er nicht mehr da. Sie berührt vorsichtig seine Hand.

»Es ist übrigens schön, dass du da bist.«

Adam strahlt sie an und drückt ihre Hand.

Hellnacht 10, 3970

»WAS HAST du mit uns vor?«, fragt Eva.

»Eine Überraschung«, sagt Marchenko.

»Das ist aber eine anstrengende Überraschung.«

Eva steht auf dem Laufband und hechelt. Marchenko besteht darauf, dass sie die EVA exakt nach dem Lehrbuch durchführen. Und das bedeutet, den Stickstoffanteil im Blut durch Training zu senken.

»Es lohnt sich«, sagt er.

»Aber ich bin doch schon so oft ohne das blöde Prebreathing aus dem Schiff ausgestiegen.«

»Du hattest Glück, und du hattest keine andere Wahl. Aber jetzt steigen wir zum Vergnügen aus. Da müssen wir jedes unnötige Risiko ausschließen.«

»Da bin ich ja gespannt. Ich hoffe, es lohnt sich wirklich.«

»Das wird es. Vertrau mir, Eva.«

»Du hast leicht reden, du brauchst deinen Kreislauf ja nicht von Stickstoff zu befreien.«

»VORSICHTIG«, sagt Marchenko.

Er reicht ihr eine seiner sechs Hände. Eva greift danach. Durch den Stoff des Handschuhs hindurch fühlt sie sich beinahe menschlich an. Mit einer anderen Hand hilft Marchenko gerade Adam aus der Schleuse, während er mit zwei weiteren Händen Sicherungsleinen verteilt, die seine letzten beiden Hände an der Oberfläche der Dracht befestigen.

Sie schwitzt. Ein Schweißtropfen rinnt ihr die Stirn hinab und kitzelt sie. Eva beugt sich nach vorn. Dabei löst sich der Tropfen und fällt auf die Innenscheibe des Helms. Nach ihrem Gefühl ist ihr letzter Weltraumausflug nur Tage her. Tatsächlich sind es Jahre. Marchenko hat auch die Technik ihres Raumanzugs verbessert. Die Innenseite der Scheibe ist heizbar. Eva schaltet die Heizung an, damit der Tropfen verdunstet. Marchenko hat nur verraten, dass sie etwas Schönes sehen werden.

»Jetzt ein Stück in diese Richtung«, sagt Marchenko.

Sie befinden sich auf der Außenseite eines Wohnmoduls, kurz vor einer der Kanten des würfelförmigen Raumschiffs. Die Majestätische Dracht hat aufgehört zu rotieren. Scheinbare Schwerkraft erzeugt sie in dieser Flugphase durch den Bremsvorgang. Dazu braucht das Allwissen lediglich die Energiezufuhr zur Abschirmung des Dunkle-Materie-Kerns zu erhöhen. Die Schwerkraftsenke, in die das Schiff gezogen wird, verliert an Tiefe, und es bewegt sich langsamer. Natürlich muss das Allwissen dabei behutsam vorgehen.

Die dunkle Außenhaut des Moduls liegt vor ihr wie ein Tafelberg. Es geht etwa mit zwanzig Grad bergan. Aber die Schwerkraft ist tückisch. Sie zieht sie nicht nach unten, sondern nach vorn, in Bewegungsrichtung des Schiffes. Es handelt sich eben nicht um Gravitation, sondern um eine Trägheitskraft. Eva tastet sich Schritt für Schritt voran. Adam läuft wie immer fröhlich voraus, bis Marchenko ihn mit Hilfe einer Sicherungsleine bremst. Es wirkt wie ein fröhlicher Familienausflug.

»Sag mal, wenn das Allwissen nun mit einem Mal die Dunkle Materie komplett abschirmen würde, was würde dann passieren?«, fragt Eva.

»Nicht viel. Das Schiff beschleunigt nicht mehr, sondern

fliegt geradlinig mit konstanter Geschwindigkeit weiter. Du würdest vermutlich abheben, aber ich würde dich wieder einfangen.«

»Ah, dann habe ich das Prinzip des Dunkle-Materie-Antriebs bisher falsch verstanden. Ich dachte, bei vollständiger Abschirmung würden wir automatisch bremsen?«

»Nein, der Trick liegt darin, dass zum Bremsen der Schwerpunkt der Dracht nach hinten verlagert wird. Das Schiff konfiguriert sich also um. Dadurch entsteht eine negative Beschleunigung. Wir bremsen. Aber halt!«

Zwei Hände greifen nach ihren Schultern. Eva erschrickt, weil sie immer noch eine Hand in ihrer Hand hält. An die sechs Arme muss sie sich erst noch gewöhnen.

»Was ist denn?«, fragt sie.

»Noch ein Schritt.«

Vor ihr ist eine Kante, hinter der ein Abgrund lauert. Eva zögert.

»Trau dich«, sagt Adam, der schon neben ihr steht.

»Ich halte dich«, sagt Marchenko.

Sie wagt den Schritt. Direkt vor ihr geht es ein paar hundert Meter in die Tiefe. Aber es ist kein gewöhnlicher Abgrund. Ein Märchenland breitet sich vor ihr aus. Sie hebt den Kopf und sieht nach oben. Ein riesiger Planet beleuchtet rotbraun die Szene. Es ist AEgir, der Gasgigant. Ein Zyklon biblischen Ausmaßes umtost seinen Nordpol mit Bändern aus rötlichen und bläulichen Tönen. Aber die Show findet nicht am Himmel statt. Sie vollzieht sich unter ihr. Dort tanzen farbige Wände in einem hektischen Rhythmus. Es fehlt nur die Musik. Aber sie fehlt gar nicht. Eva glaubt, ihr in den Kopfhörern lauschen zu können.

»Hört ihr das auch?«, fragt sie.

»Nein, was meinst du?«, fragt Adam.

»Ach, nichts.«

Die Wände müssen viele Meter hoch sein. Sie scheinen aus kaltem Feuer zu bestehen, das direkt aus den Streben fließt, die die Wohnmodule der Dracht zu einem Kubus formen. Die Flugrichtung des Raumschiffes kümmert sie nicht. Sie wachsen einfach nach oben, Richtung AEgir, und folgen einem großen Bogen, der das ganze Schiff einschließt. Eva sieht dieselben Farben wie bei den Polarlichtern von AEgir, die ihr Adam gestern gezeigt hat. Aber so aus der Nähe sind sie noch deutlich intensiver. Blau und Grün überwiegen, während nur hier und da rote Tupfer verteilt sind. Es ist ein magischer Garten, ein Irrgarten aus leuchtenden Hecken. Am liebsten würde sie nach unten springen und darin herumlaufen.

»Können wir näher heran?«, fragt sie.

»Lieber nicht«, sagt Marchenko. »Es ist hier schon gefährlich genug.«

»Wegen der Strahlung?«

»Nein, was ihr seht, sind elektrische Rekombinationen, also die Abgabe überschüssiger Energie, wenn ein Atom ein Elektron einfängt. Das spielt sich nicht auf einem gefährlichen Niveau ab.«

»Aber dann könnten wir doch …«

»Du vergisst die Magnetfelder. Sie könnten eure Raumanzüge beschädigen. Ich habe sie zwar dagegen gehärtet, aber ich kann nicht garantieren, dass sie keinen Schaden nehmen. Die Dracht trifft in ihrer Flugrichtung auf den Sonnenwind des Sterns, der aus geladenen Teilchen besteht. Ein Teil des Winds wird abgeschirmt, ein anderer folgt den Feldlinien, die das Schiff und den Planeten verbinden.«

»AEgir führt die Dracht also an der Leine?«

Marchenko lacht. »Ein schönes Bild. Aber darüber werden kaum Kräfte übertragen. Es ist also eine sehr dünne Leine. Genauso könnte man sagen, dass wir den Planeten an der Leine haben.«

»Warum sehen wir es nur hier?«, fragt Adam.

»Weil das Schiff gewissermaßen einen Schatten im Sonnenwind wirft. Wir ziehen zwar eine Schleppe aus Teilchen hinter uns her, aber sie beginnt zu weit vom Metallskelett des Schiffes entfernt, als dass sich da noch magnetische Verbindungen ergeben würden.«

»Wie lange halten die seltsamen Wände?«, fragt Eva.

»Das kann ich nicht genau sagen. Wenn wir uns wieder vom Planeten entfernen, gibt es im Vakuum nicht mehr genügend Ionen, die Elektronen einfangen könnten. Dann sehen wir die Wände wohl nur noch auf Langzeitbelichtungen.«

»Danke, dass du uns das gezeigt hast«, sagt Eva.

»Ihr braucht euch nicht zu bedanken. Ich wollte es auch erleben.«

»Und woher wusstest du, was wir sehen würden?«, fragt Adam.

»Ehrlich gesagt wusste ich es nicht. Ich habe mir nur ausgerechnet, dass es etwas zu sehen geben könnte.«

»Dann wären wir also ganz umsonst hier nach draußen geklettert?«, fragt Eva.

»Nein. Zur Sicherheit habe ich noch eine andere Überraschung vorbereitet.«

»Oh, wirklich? Was denn?«, fragt Adam.

»Das werde ich euch zeigen, wenn wir aus diesem System wieder abreisen. Aber fragt mich lieber drinnen weiter. Jetzt sollten wir den Ausblick genießen. So etwas werden wir nie wieder sehen.«

Hellnacht 11, 3970

Ein kalter Luftzug weckt sie. Hat Adam endlich die von der Lebenserhaltung vorgegebene Temperatur verringert? Wenn sie gewusst hätte, dass er es nachts so warm haben will, hätte sie lieber in ihrer eigenen Kabine geschlafen. Um ihre Schweißausbrüche einzudämmen, hatte sie ihren Trainingsanzug ausziehen müssen und die Decke neben die Liege geworfen.

Der kühle Wind ist angenehm, obwohl Eva eine Gänsehaut bekommt. Sie liegt auf dem Rücken und streckt sich. Zeit zum Aufstehen. Sie öffnet die Augen. Über ihr ist aber nicht die Decke, sondern das graugrüne, kegelförmige Gesicht eines Grosnopfes, dessen Auge sie anstarrt.

»Uhhh«, ruft sie.

Ihr Herz pocht. Schnell angelt sie nach der Decke. Sie bekommt den Stoff zu fassen und bedeckt sich notdürftig damit.

»Was …?«, stammelt sie.

»Guttenn Morrgenn, Eva!«

Es ist Ragnor, der sie in ihrer Sprache begrüßt. Eva rutscht ein Stück nach oben und setzt sich auf, sodass sie sich an die Wand lehnen kann.

»Was willst du hier?«, fragt sie.

»Ich … gedacht, du frreust über Sprrechenn deine Sprrache.«

Ragnor rollt das »r« auf eine Weise, die ihr völlig unbekannt ist. Es klingt, als würde in seinem Sprachorgan ein kleiner Trommelwirbel abgespielt.

»Ja, da freue ich mich, aber du hast mich erschreckt. Ich habe noch geschlafen.«

»Das hat mirr leid.«

»Das tut mir leid.«

»Das tut mirr leid. Ich gedacht, du wach.«

»Dreh dich bitte um, ich möchte mich anziehen.«

»Warrum?«

»Das macht man so. Ich bin unter der Decke nackt.«

»Jederr ist nackt unterr Kleidung. Darrum Grrosnopf trragen nicht Kleidung. Und ist warrm genug in Menschrraum.«

»Bei den Menschen ist es nicht üblich, sich anderen nackt zu zeigen. Also dreh dich bitte um.«

»Ich dich habe schon gesehen. Ich mich immerr gefrragt, wie aussehen unterr Kleidung.«

»Dann weißt du es ja nun. Also dreh dich endlich um.«

»Wie du willst, Eva.«

Ragnor dreht sich um. Nun starrt sie das Auge an der Hinterseite seines Kopfes an. Eva muss lachen. Die Situation ist absurd.

»Könntest du …«

Quatsch. Ragnor muss sie doch für immer seltsamer halten. Sie rafft die Decke um ihren Körper zusammen, nimmt ihre Sachen von der Lehne des Stuhls und zieht sich damit in das WHC zurück.

»Was verschafft uns überhaupt die Ehre deines Besuchs?«, fragt Eva, als sie gewaschen, gekämmt und angekleidet wieder vor Ragnor steht.

»Ich habe Bitte an euch.«

»Ah, natürlich. Was können wir für dich tun?«

Eva sieht sich um. Adams Unterwäsche liegt auf dem Boden. Sie bückt sich und hebt sie auf. Wohin damit? Sie wirft sie auf Adams Liege. Ihr Bruder bewegt einen Arm, sagt aber nichts. Er schläft wohl immer noch.

»Rragnorr muss Werrt beweisen. Ihrr mich mitnehmen auf Planet.«

»Wir sollen dich als Begleitung anfordern?«

»Genau. Grronarr auf euch hörren. Wenn ihrr bittet, ich Befehl.«

»Gut.«

Sie betrachtet ihren Schützling. Er ist kaum noch von einem erwachsenen Grosnopf zu unterscheiden. So etwa ab dreißig bilden sich jedoch bestimmte Falten am Oberbauch, die Ragnor noch fehlen.

»Danke. Und Entschuldigung fürr Ansehen. Ich nicht wusste dass nicht gehörrt.«

»Kein Problem. Ich weiß, dass wir uns für euch manchmal rätselhaft verhalten. Nacktheit ist für die meisten Menschen etwas Intimes, das man nur mit anderen teilt, die man sehr gut kennt.«

»Auch fürr dich? Du nie hast unterr Menschen gelebt. Du mit Grrosnopfen auferrwachsen.«

»Aufgewachsen. Ja, das ist seltsam. Die Menschheit ist so weit weg, aber ich halte mich trotzdem an ihre Konventionen.«

»Konventionen?«

»Übereinkünfte.«

Aber ist es das überhaupt? Ohne Kleidung wäre es an Bord der Majestätischen Dracht sehr unangenehm. Sie würde dauernd frieren. Die Menschen sind einfach empfindlicher als die Grosnopfe. Kleidung ist praktisch. Es ist ihr Weg, die Grenzen ihres habitablen Raums zu erweitern. Bei den Grosnopfen übernimmt die Haut diese Funktion.

»Dann ich dich lassen in Rruhe.«

»Wir sehen uns. Wann startet denn überhaupt unser Ausflug zu dem Planeten?«

»Wenn Vaterrsonne wiederr aufgegangen.«

Also morgen. Gut, dann kann sie ihren Raumanzug in Ruhe überprüfen. Marchenko hat ihn zwar technisch auf den neuesten Stand gebracht, aber um die unvermeidlichen Gerüche hat er sich nicht gekümmert. Ist er überhaupt in der Lage zu riechen? Als sie ihn gestern angezogen hat, musste sie zuerst einen heftigen Brechreiz unterdrücken.

Adams Arm bewegt sich erneut. Ihr Bruder hat seine Decke bis über das Gesicht gezogen. Sie stößt ihn an.

»He, es ist fast Mittag.«

Hellnacht 12, 3970

»Schotten schließen«, befiehlt Numbark.

Eva zählt die Anwesenden durch. Sie sind zu sechst, drei Grosnopfe und drei Menschen.

»Kommt Gronar nicht mit?«, fragt Adam.

»Da ich darauf bestanden habe, diesmal zum Außenteam zu gehören, hat Gronar verzichtet«, erklärt Murnaka.

Die Frau des Generals hat selbst einen Generalsrang, obwohl sie zu den wenigen weiblichen Grosnopfen an Bord gehört. Soldat zu werden, wäre normalerweise den Männern vorbehalten, hat sie Eva einmal erklärt. Sie habe diese Position auch nur erreicht, weil sie bisher auf die Eiablage verzichtet habe. Wenn eine Mutter erst einmal für einen Flock verantwortlich ist, kann sie nicht mehr ins All reisen.

»Kommt er nach?«, fragt Adam.

»Das hängt davon ab, was wir finden«, antwortet Murnaka.

»Plätze einnehmen und anschnallen«, sagt Numbark und dunkelt im selben Moment die Kabine ab.

Er benutzt die Sprache der Menschen. Wenn Ragnor sich nicht so intensiv darum bemüht hätte, hätte er keinen Platz im Shuttle mehr ergattert. Eva nimmt ihren Platz in der dritten und letzten Reihe ein. Die Liege neben ihr ist noch frei. Dort sollte sich eigentlich Adam aufhalten. Eva entdeckt einen Schatten vor dem Bullauge auf der rechten Seite.

»Adam, hast du nicht gehört? Anschnallen!«

»Ja, Mama«, antwortet er, löst sich von dem runden Fenster und kommt zu ihr.

Noch profitieren sie von der scheinbaren Schwerkraft, die das Bremsmanöver der Dracht simuliert, aber gleich werden sie ablegen. Dann werden ein paar anstrengende Stunden folgen, denn das Shuttle soll den Planeten schneller erreichen als die Dracht.

Das Bremsmanöver läuft überraschend ruhig ab. Es kommt Eva nahezu gespenstisch vor; nichts klappert und quietscht, obwohl enorme Kräfte wirken. Vorn unterhalten sich Murnaka und Numbark in ihrer Sprache. Ihnen ist keine Anstrengung anzumerken. Aber Adam auf der Liege neben ihr ächzt und stöhnt.

Sie kann sich solche Laute gerade noch verkneifen. Trotzdem wäre es schön, wenn die Tortur bald vorüber wäre. Jede Bewegung schmerzt, und es ist überraschend, wie oft man im wachen Zustand das Bedürfnis hat, eines der Glieder zu bewegen. Mal kratzt es auf dem Handrücken, dann juckt es am Knie, oder ein Schweißtropfen rollt ihr über die Stirn ins Auge. Den Gurt bräuchte sie gar nicht. Eva ist wie ein toter Schmetterling mit unsichtbaren Stecknadeln an ihrer Liege festgemacht.

Sie dreht den Kopf nach rechts, und zufällig sieht in diesem Moment auch Adam in ihre Richtung. Sie lächelt ihm zu, und er schafft es, das Lächeln zu erwidern. Sie haben sich das Abenteuer ja selbst ausgesucht. Hätte sie nicht aus der Vergangenheit lernen können? Dann wäre sie an Bord der Dracht geblieben. Aber zuzusehen, wie andere einen bisher unbekannten Planeten erforschen, das bringt sie nicht fertig.

Auf der Erde ist Epsilon Eridani c vermutlich noch nicht einmal entdeckt worden. Dabei wäre er vielleicht eine zweite

Heimat für die Menschheit. Das hat ihnen Marchenko gestern noch erklärt. Wenn die irdische Sonne sich in ein paar Milliarden Jahren zum Roten Riesen aufbläht und dabei die Erde verschluckt, bietet dieser Planet hier noch für fast 20 Milliarden Jahre die Bedingungen für ein schönes Leben.

Marchenko kommt auf sie zu. Er bewegt sich wie immer. Dass sein Körper jetzt mehr als das Doppelte wiegt, scheint ihm nichts auszumachen. So ein Roboterkörper hat eben doch seine Vorteile. Sie hat gestern Orangenhaut auf ihren Oberschenkeln entdeckt, und Adam hat bereits die ersten Falten in den Augenwinkeln. Sie altern unwiderruflich, während Marchenko immer so jung bleiben wird, wie er es will. Eva würde trotzdem nicht mit ihm tauschen wollen. Aber noch fühlt sie sich in ihrem Körper wohl. Wie wird es wohl in dreißig Jahren aussehen?

»Ich habe noch etwas für euch«, sagt Marchenko, als er sie erreicht hat.

Zwei seiner Hände halten zwei identisch aussehende Gegenstände. Eva erkennt einen Griff, einen Abzug und einen Lauf. Sind das etwa Waffen? Adam versucht sich aufzurichten, lässt sich aber gleich wieder fallen und ächzt dazu.

»Bleib liegen, Adam«, sagt Marchenko. »Ich lege dir das Gerät in deinen Rucksack. Aber erst will ich es euch kurz zeigen.«

Er hebt seine mittlere rechte Hand und dreht und wendet das Objekt darin, bis Eva es aus allen Richtungen gesehen hat. Es scheint tatsächlich eine Waffe zu sein. Aber wozu? Traut Marchenko den Grosnopfen nicht mehr?

»Was ist das?«, fragt Eva.

»Eine Waffe natürlich«, sagt Adam.

»Es ist weniger eine Waffe als ein Gefahrenabwehrgerät«, erklärt Marchenko. »Es geht nicht darum, Beute zu erlegen. Aber wenn euch irgendetwas gefährlich nahekommt, könnt ihr es damit abwehren. Es verschießt kleine Nadeln, die dem Ziel einen elektrischen Schlag versetzen, sodass es das Bewusstsein verliert. Dann habt ihr genug Zeit, euch aus der

Gefahrenzone zu begeben. Früher nannte man so etwas ›Taser‹.«

»Du bist sicher, dass es wirkt?«, fragt Eva. »Wir wissen doch nicht einmal, ob es dort unten überhaupt Lebewesen gibt, und schon gar nicht, welche.«

»Die Weiterleitung von Impulsen muss irgendeine elektrische Grundlage haben«, sagt Marchenko. »Und in höheren Lebewesen muss es so ein Signalsystem geben. Ich kann zwar nicht garantieren, wie stark es wirkt, aber ich bin mir sicher, dass es eine gewisse Wirkung hat.«

»Wie viele Schüsse kann ich damit abgeben, und wie groß ist die Reichweite?«, fragt Adam.

»Du kannst die Intensität der Ladung einstellen. In der untersten Stufe, die einen Menschen bewegungsunfähig machen würde, kannst du das Gerät etwa zehnmal benutzen.«

»Und mit der obersten Stufe? Was erreiche ich damit?«

»Die dürfte für einen irdischen Blauwal ausreichen. Ich glaube nicht, dass wir da unten auf so große Wesen treffen. Der Planet ist ja noch ziemlich jung.«

»Dann bin ich ja für alle Fälle gerüstet«, sagt Adam.

»Du solltest dich trotzdem nicht unnötig in Gefahr begeben. Wenn etwa ein Nashorn auf dich zustürmt, holst du es mit dem Gerät zwar von den Beinen, aber durch seine Trägheit könnte es dich selbst im bewusstlosen Zustand noch zerquetschen.«

»Danke für die Warnung.«

»Ich packe euch den Taser in eure Rucksäcke.«

»Wie lange quält uns Numbark noch?«, fragt Adam.

»In etwa zwei Stunden treten wir in den Orbit ein. Numbark plant, dann gleich den Deorbit-Burn zu zünden, damit wir noch vor Sonnenuntergang auf der Oberfläche landen können.«

Jetzt ist der Abstieg schon eher so, wie sie es kennt. Das Shuttle wird hin- und hergerissen. Ein lautes Heulen erfüllt es, und in den Bullaugen ist ein seltsames Glühen zu erkennen. Eva ist seit zehn Minuten kurz vor dem Erbrechen, aber bisher konnte sie es noch unterdrücken.

»Ich entschuldige mich für die Unannehmlichkeiten«, sagt Numbark formvollendet. »Die Atmosphäre ist ziemlich unruhig.«

»Haben wir schlechtes Wetter erwischt?«, fragt Marchenko.

»Nein, das scheint normal zu sein«, antwortet Numbark. »Wir haben unser Wettermodell gerade mit den neuesten Sensordaten aktualisiert. Der ganze Planet ist von einem starken Jetstream umgeben, der die Energie verteilt.«

»Dann lass uns schneller nach unten gehen«, sagt Murnaka.

»Zu Befehl, Generalin«, sagt Numbark.

Das Shuttle sackt ab, und im selben Moment schießt Evas Mageninhalt ihre Speiseröhre hoch. Diesmal ist es zu spät, sich dagegen zu wehren. Sie schafft es gerade noch, sich nach links zu drehen, sodass das Erbrochene zumindest nicht in Adams Richtung fliegt. Für einen Augenblick, während das Shuttle sich im freien Fall befindet, herrscht Schwerelosigkeit. Die kleinen Bröckchen und Spritzer aus Magensäure schweben, als könnten sie sich nicht entscheiden. Dann betätigt Numbark die Korrekturtriebwerke. Es gibt wieder ein Oben und ein Unten, und die Sauerei klatscht auf den Boden.

Eine Hand berührt sie am rechten Arm. Es ist Adam.

»Mach dir nichts draus«, sagt er und streichelt ihre Schulter.

Von den Grosnopfen dreht sich niemand um. Sie müssen das Malheur doch riechen! Eva hebt den Kopf und sieht nach vorn, aber Numbark und Murnaka sind mit der Steuerung beschäftigt, während Ragnor interessiert aus dem Bullauge sieht.

»Für die Grosnopfe duftet das bestimmt so lecker wie ihr Essen«, sagt Adam.

Eva lacht. Er muss ihren Blick nach vorn verstanden haben. Sie kennen sich eben doch ziemlich gut. Die Grosnopfnahrung ist tatsächlich für menschliche Geschmacksnerven gewöhnungsbedürftig, weil sie viele saure und bittere Bestandteile enthält.

Das Shuttle hat ruhigere Luftschichten erreicht.

»Können wir uns abschnallen?«, fragt Adam.

»Ich denke schon«, sagt Marchenko.

»Wir suchen noch nach einem Landeplatz«, sagt Numbark.

»Hatten wir nicht eine Hochebene ausgewählt?«, fragt Marchenko.

»Die eignet sich leider nicht«, sagt Numbark. »Sie liegt auf der linken Seite, schau es dir selbst an.«

Eva löst den Gurt, dann setzt sie sich auf die Liege. Sie muss aufpassen, dass sie nicht in das Erbrochene tritt, das sich in einer grüngelben Pfütze konzentriert. Sie macht einen großen Schritt darüber hinweg und erreicht eines der Bullaugen. Es ist angelaufen, also wischt sie mit dem Ärmel die Feuchtigkeit weg.

Der erste Blick auf die neue Welt ist umwerfend. Der Himmel brennt violett. Sie muss Marchenko fragen, wie diese Farben zustandekommen, aber das hat Zeit. Der lilafarbene Himmel spiegelt sich in einem kreisrunden See, der sich in einem riesigen Bergkessel befindet. Es sieht aus, als hätte jemand einem Zuckerhut die Spitze abgeschnitten, ihn ausgehöhlt und bis zum Rand mit Wasser gefüllt. Das muss die Hochebene sein, die sie als Landeplatz vorgesehen hatten, und Eva erkennt auch, warum so ein Irrtum möglich war. Der See ist keine glatte, spiegelnde Fläche, sondern mit zahllosen grünen und blauen Ranken bewachsen. Das Wasser scheint zwischen ihnen hindurch.

Der Planet ist belebt, das ist schon beim ersten Blick klar. Die Hänge des Berges, die den See begrenzen, sind zwar dunkel, aber zu seinen Füßen scheint sich mehr Vegetation auszubreiten. Die Gewächse erinnern sie an riesige Schachtelhalme. Es ist schwer zu sagen, wie groß sie sind.

»Marchenko, wie hoch sind wir denn noch?«, fragt sie.

»Etwa 250 Meter.«

»Oh, schon so tief?«

Dann sind die Gewächse nicht ganz so hoch, wie sie dachte. Sie sind immer noch höher gewachsen als Bäume auf der Erde, aber das überrascht wegen der niedrigeren Schwerkraft nicht. Ob es auch Tiere gibt oder gar intelligentes Leben? Sie sucht nach unnatürlich anmutenden Formen, aber alles wirkt wie gewachsen. Das sagt natürlich gar nichts.

»Das ist ja großartig«, sagt Adam. »Wie warm ist es da unten?«

»Ziemlich kalt«, sagt Numbark. »Vielleicht 35 Grad in eurer Skala.«

»Ziemlich warm«, sagt Marchenko. »35 Grad sind es jetzt, wenn die Sonne kurz über dem Horizont steht. Um die Mittagszeit dürften es eher 45 Grad werden.«

»Dann brauchen wir zumindest keinen Raumanzug«, sagt Adam.

»Wir müssen erst noch sehen, ob ihr die Atmosphäre vertragt. In den obersten Schichten haben wir Spuren von Zyankali gefunden.«

»Oh«, sagt Eva. »Auf so einem Paradies mit Maske herumlaufen zu müssen, das wäre …«

»Ich glaube, dass die Luft atembar ist. In der oberen Atmosphäre gibt es andere chemische Reaktionen als unten an der Oberfläche. Aber wir müssen es erst messen, bevor ich euch Entwarnung geben kann.«

»Ich würde mich ja am liebsten in Badehosen in diesen hübschen See stürzen«, sagt Adam. »Das Wasser ist bestimmt warm.«

»Untersteh dich«, sagt Marchenko. »Du weißt nicht, welche Gefahren dort lauern. Bitte versprich mir, dass du dich nirgendwo hineinwirfst, bevor wir nicht alles ganz genau untersucht haben.«

Typisch Adam. Er weiß, wie er Marchenko provozieren kann. Dabei ist er längst nicht mehr der Halbstarke, der dauernd seine Männlichkeit demonstrieren muss.

»Ob wir hier vielleicht ein weiteres Messenger-Raumschiff finden?«, fragt Eva. »Das wäre doch der perfekte Planet, um problemlos für lange Zeit zu überleben.«

»Ich glaube nicht. Zu meiner Zeit war in diesem System kein Gesteinsplanet bekannt. Der Schöpfer hat …«

»Wir sollten ihn nicht so nennen«, sagt Eva. »Weder war er ein Schöpfer noch hat er diese Bezeichnung verdient. Er war ein skrupelloser Wissenschaftler, der uns auf diese Reise geschickt hat, ohne uns zu fragen.«

»Du hast recht, Eva. Ich wünsche euch, dass ihr ihm das irgendwann ins Gesicht sagen könnt.«

»Der Mann ist doch längst tot«, sagt Adam. »Es lohnt nicht, sich mit ihm zu befassen. Keine Chance, zwei weitere Menschen zu finden, das ist das Einzige, was wir wissen müssen.«

»Aber Adam …«

Ihr Bruder winkt ab. Das ist das eindeutige Zeichen, dass eine Diskussion sinnlos ist.

»Schau lieber aus dem Bullauge«, sagt er.

Eva folgt dem Rat. Sie fliegen gerade über eine Wasserfläche. Statt von farbigen Ranken ist sie von weißen Schaumkronen bedeckt. Es muss da unten wirklich sehr windig sein. Die Wellen sind bestimmt meterhoch.

»Ist das der Ozean?«, fragt sie.

»Nein, das ist ein Binnensee. Dahinter hat Numbark eine mögliche Landefläche ausgemacht.«

Das Shuttle sinkt weiter. Die Sonne berührt schon fast den Horizont. Das Wasser wirkt zunehmend schwarz. Dafür färben sich die Schaumkronen der Wellen hellviolett ein. Es sieht nicht so aus, als würden sie es vor Sonnenuntergang schaffen. Eva betrachtet den Stern, eine kleinere Ausgabe der Sonne, die sie bisher nur auf Fotos gesehen hat. Ob man sie auch mit bloßem Auge beobachten kann? Sirius, den sie zuletzt besucht haben, hätte sie aus dieser Entfernung erblinden lassen. Epsilon Eridani ist so kurz über dem Horizont schon dunkelrot. Trotzdem wärmen seine Strahlen sogar noch hinter dem Glas des Bullauges.

Plötzlich bewegt sich ein schwarzer Schatten über die Sonnenscheibe. Er schlägt einmal mit den Flügeln, zweimal, und verschwindet dann wieder in der zunehmenden Dunkelheit.

»Hast du das gesehen?«, fragt Eva.

»Was?«, fragt Adam zurück.

»Vor der Sonne. Es sah aus wie ein riesiger Vogel.«

»Ich habe nichts gesehen.«

»Marchenko, das Radar des Shuttles müsste doch etwas bemerkt haben«, sagt Eva.

»Es tastet den Landeplatz und die nähere Umgebung ab«, sagt Marchenko. »Dein Vogel muss also mindestens einen Kilometer entfernt gewesen sein, sonst hätten wir ihn bemerken müssen.«

»Ja, er war riesig. Er hat fast die ganze Sonnenscheibe abgedeckt.«

»Das sind wie viele Bogenminuten? Lass mich nachrechnen. Moment. Also, dein Vogel müsste etwa eine Flügelspannweite von 150 Metern haben, wenn du dich nicht geirrt hast.«

Das ist allerdings unglaublich. Das kann nur eine optische Täuschung gewesen sein – oder ein Rechenfehler.

»150 Meter? Und du hast dich nicht verrechnet?«, fragt sie.

»Das habe ich nicht. Du bist sicher, dass du einen Vogel gesehen hast? Vielleicht war es irgendein Ast, der am Bullauge vorbeigeflogen ist. Wenn du deinen Blick nicht darauf fokussiert hattest …«

»Vielleicht«, sagt Eva.

Sie weiß, was sie gesehen hat, aber sie will sich jetzt nicht streiten. Falls es hier wirklich 150 Meter große Vögel gibt, wird sich bestimmt auch noch ein weiterer blicken lassen.

»Landung!«, sagt Numbark.

Eva spürt ein tiefes Brummen, das sich über ihren ganzen Körper ausbreitet. Das Shuttle senkt sich langsam auf dem

Abgasstrahl des Landetriebwerks, das das Brummen erzeugt. Numbark ist ein guter Pilot. Er bringt das Schiff sanft nach unten, Meter für Meter, bis es ebenso sanft auf dem Planeten niedergeht.

»Hervorragend gemacht«, lobt Murnaka ihn.

Numbark ist sichtlich stolz. Er streicht sich mit den Tasthänden über den Kopf und trommelt mit den Füßen. Es sieht aus, als würde er sich selbst Beifall spenden, aber es ist auch ein Zeichen von Unsicherheit. Gronar hat ihr mal erklärt, dass das Trommeln ein uralter Instinkt ist, mit dem sich die Grosnopfe früher gegenseitig vor Gefahren gewarnt haben. Jeder Erwachsene versucht, ihn zu vermeiden, aber manchmal bricht er trotzdem durch. Numbark muss unter enormem Druck gestanden haben, weil Murnaka an Bord ist, nicht nur Generalin, sondern auch noch die Frau des Kommandanten.

Neben ihr klickt es. Anscheinend schnallt Adam sich bereits ab.

»Einen Moment noch«, sagt Marchenko. »Wir müssen abwarten, wie fest der Boden ist. Trägt er uns nicht, müssen wir notstarten.«

Es klickt erneut. Brav legt Adam den Gurt wieder an. Einige Minuten vergehen. Die Lebenserhaltung wird immer lauter.

»Was ist denn mit der Lüftung los?«, fragt Adam.

»Das ist die Wärme draußen«, sagt Marchenko. »Daran ist sie nicht gewöhnt. Sonst sind wir in kälteren Gegenden unterwegs.«

»Meinetwegen muss es hier drin nicht 20 Grad kalt sein«, sagt Adam.

»Oh, du wirst die Wärme früh genug spüren, glaub mir«, sagt Marchenko. »Aber ich habe gute Nachrichten: In der Luft gibt es keine Schadstoffe. Im Gegenteil, sie ist überaus sauber.«

»Dann können wir endlich raus?«, fragt Adam.

»Nein, wir müssen noch die mikrobiologische Untersuchung abwarten. Nicht, dass da irgendwelche Krankheitserreger herumschwirren.«

Schade, sie hätte den Sonnenuntergang gern gesehen. Eva lehnt sich wieder zurück.

»Wie genau wollt ihr das denn herausfinden?«, fragt sie. »Ihr wisst doch gar nicht, wie ein eventueller Erreger bei uns und den Grosnopfen wirkt?«

»Das stimmt. Wir prüfen einfach die Strukturen. Alles, was organisch ist, sieht sich der Analysator genauer an, und zwar daraufhin, ob es mit unseren Zellen in Wechselwirkung treten kann. Es ist zwar unwahrscheinlich, dass das hiesige Leben kompatibel mit unserem ist, aber man weiß ja nie.«

»Das machst du übrigens sehr gut, Marchenko, wollte ich dir nur mal sagen. Ich fühle mich bei dir in guten Händen. Bestimmt geht es Adam ähnlich. Dass wir immer mal herummeckern, hat damit nichts zu tun.«

»Danke, Eva.«

Dann kommt doch noch der entscheidende Moment. Eva sieht aus dem Bullauge, dass es noch nicht völlig dunkel ist. Obwohl die Luft in jeder Hinsicht ungefährlich ist, besteht Marchenko darauf, dass sie ordnungsgemäß die Schleuse benutzen. Eva verkneift sich das Meckern und konzentriert sich auf die Vorfreude.

Zischend bewegt sich das Außenschott zur Seite, und dann empfängt sie der Planet. Eva muss sich nicht bewegen. Er kommt einfach auf sie zu. Eine warme, feuchte Wand berührt sie, umfängt sie und hüllt sie ein in exotische Gerüche, die ihr vollkommen unbekannt vorkommen. Da ist Pfeffer in der Luft, eine Note Muskatnuss und etwas Ozon. Und dann die Farben. So viele Töne von Lila hat sie noch nie gesehen. Der große See, den man für ein Meer halten könnte, ist vielleicht hundert Meter von ihr entfernt. Davor liegt ein violetter Rasen, der in schwarzen Sand übergeht. Ebenso schwarzes Wasser mit weißen Krönchen leckt daran, brandet in Wellen gegen das Ufer und spielt damit eine urtümliche Melodie.

Das Wasser reicht bis an den Horizont, an dem die untergehende Sonne den Wechsel zwischen Tag und Nacht markiert. Es ist ein trivialer Sonnenuntergang, aber ihr kommt er vor wie der Wechsel in einen neuen Lebensabschnitt. Es muss an der Sonne liegen, deren dunkles Rot fast wie Blut in das Violett des Sees ausläuft. Am Ende des Tages verblutet die Sonne, ergießt sich in das Wasser, aus dem das Leben an Land gestiegen ist. Falls es hier je intelligente Wesen geben wird, werden sie einen solchen Mythos erst erzählend weitergeben und dann aufschreiben, das Lied von der sterbenden Sonne, die dem Leben ihre Kraft schenkt.

Hellnacht 13, 3970

»HE, aufstehen, Schlafmütze!«, ruft Adam.

Eva hört seine Stimme gedämpft. Sie braucht einen Moment, um sich an den Grund dafür zu erinnern. Die Zeltplane über ihr ist schuld. Marchenko hat ihnen gestern Abend noch zwei Zelte aufgebaut. Eva bewegt ihre Gelenke. Keine Schmerzen. Sie hatte wegen der dünnen, selbstaufblasenden Matratze Bedenken gehabt, aber offenbar hat es ihr nicht geschadet. Im Gegenteil, sie ist so gut ausgeschlafen wie lange nicht mehr. Das muss an der frischen Luft liegen. Kein einziges Sauerstoff-Molekül hier ist je durch die Lebenserhaltung gegangen. Alles frisch.

Etwas klopft gegen die Zeltplane. Sie dreht sich auf den Bauch und zieht den Reißverschluss am Eingang auf. Die Luft, die in das Zelt dringt, riecht würzig. Gestern hatte sie Pfeffer und Muskatnuss identifiziert, heute liegt eine Mischung von Kreuzkümmel und Salz in der Luft. Es muss von dem See kommen. Leider verstellt ein Paar nackter, behaarter Männerbeine den Blick darauf.

»He, geh mal zur Seite, Adam!«, ruft sie.

Adam bleibt stehen.

»Ah, guten Morgen, Schwesterchen«, sagt er nur. »Ist der Ausblick nicht großartig?«

»Er wäre noch schöner, wenn du dich einen halben Meter seitlich bewegen würdest.«

»Kaum aufgewacht und schon Sonderwünsche.«

Diesmal folgt er allerdings ihrer Bitte. Dabei bemerkt sie, dass er barfuß ist. Seine Zehennägel müssten mal wieder geschnitten werden. Am liebsten würde sie … Eva reißt ihren Blick davon los und sieht nach vorn. Adam hat recht, der Platz für das Lager ist optimal gewählt. Jetzt, am Tag, hat der Himmel ein tiefes Dunkelblau. Die Sonne, Epsilon Eridani, ist nicht zu sehen. Der See ist ruhiger als gestern. Nur, wenn sich die Wellen am schwarzen Strand brechen, haben sie noch Schaumkronen.

»Kommst du zum Frühstück?«, fragt Adam.

»Moment noch.«

Sie zieht den Reißverschluss wieder zu. Die Zeltplane lässt genügend Licht hindurch, damit sie sich umziehen kann. Eva streift ihr Schlaf-T-Shirt ab. Es ist nass. Eigentlich kann sie nicht gut schlafen, wenn sie schwitzt, aber hier hat es sie nicht gestört. Sie wechselt die Unterhose und zieht die Shorts von gestern an, dazu ein frisches T-Shirt. Marchenko hat wirklich alles gut vorbereitet. Der Rucksack ist mit allem Nötigen gepackt. Er muss sich auf dem langen Flug sehr gelangweilt haben. Auf Schuhe verzichtet sie. Sie freut sich schon aufs Barfußgehen.

Als sie den Zelteingang wieder aufzieht, ist das T-Shirt am Rücken schon wieder durchgeschwitzt. Es müssen über 35 Grad sein, dabei ist es noch nicht einmal Mittag. Sie tastet vorsichtig den Boden vor dem Zelt ab. Er ist mit zarten Pflanzen bewachsen, deren winzige Blätter sich zusammenziehen, wenn ihr Finger sie berührt. Ihre Stiele sind gerollt wie Ranken. Es fühlt sich eher wie Moos an als wie das Gras von Zweisonne. Eva kriecht auf allen Vieren nach draußen und steht auf.

»Ah, guten Morgen, Eva!«, ruft Marchenko. »Hast du gut geschlafen?«

Der Roboter steht ein paar Meter links von ihr, auf

halbem Weg zum Strand, wo es eine freie, nur mit Sand bedeckte Fläche gibt.

»Guten Morgen, Marchenko! Ich habe hervorragend geschlafen.«

Adam schlägt ihr freundschaftlich auf die Schulter.

»Komm, wir gehen frühstücken«, sagt er.

Jetzt erst fällt Eva auf, dass das Shuttle gar nicht zu sehen ist. Es muss gestern Abend noch auf der freien Fläche gestanden haben.

»Wohin ist denn das Shuttle verschwunden?«, fragt sie.

»Hast du gar nicht gehört, wie es gestartet ist?«, fragt Adam.

»Nein.«

»Dann hast du wirklich tief geschlafen. Leise war das Shuttle nämlich nicht. Es transportiert noch ein paar Vorräte und Leute aus der Dracht nach unten. Und jetzt komm.«

Er zieht sie am Arm. Widerwillig geht sie mit ihm. Sie würde gern jedes einzelne Gewächs untersuchen, an dem sie vorübergehen. Der Weg zu dem freien Platz führt an einer Art niedrigem Dschungel vorbei. Einige Pflanzen erinnern sie an hochgewachsene Gräser, andere breiten sich buschig aus. Sie bleibt stehen und zieht vorsichtig einen Ast zu sich heran. Er fühlt sich gummiartig an. Dornen scheint er nicht zu haben. Kleinere Zweige wachsen in regelmäßigen Abständen nach allen Seiten. An ihren Enden sitzen Blätter, die wie Pfauenfedern aussehen. Ihre zarten Fasern bewegen sich nervös in dem leichten Wind, der vom See bläst.

»Jetzt komm, wir warten schon seit zwei Stunden«, sagt Adam.

»Kein Stress«, sagt Marchenko. »Ich habe auch kein Festmahl für euch.«

Kein Festmahl? Eva lässt den Ast los. Langsam, fast, als würde der Strauch ihn bewusst bewegen, wandert er in den Dschungel zurück. Ihr Magen knurrt.

»Wie spät ist es?«, fragt sie.

»8 Uhr Ortszeit«, sagt Adam.

»Dann habe ich ja elf Stunden geschlafen.«

Als sie gestern endlich auf ihre Matratze gefallen ist, war es 20 Uhr.

»Nicht ganz. Ein Tag hier ist nur zwanzig Stunden lang. Die Bordzeit der Dracht ist auf 24 Stunden angelegt. Du bist nach Ortszeit zwei Stunden vor Mitternacht in dein Zelt gekrochen, das entspricht dann 18 Uhr.«

»Äh, und wann geht die Sonne auf und unter?«

»Um 4:30 Uhr und um 15:30 Uhr«, erklärt Adam. »Wir haben derzeit elf Stunden Tageslicht. Aber langsam geht es auf den Winter zu, die Tage werden also allmählich kürzer.«

»Puh, ob ich mir das merken kann?«

»Am besten stellst du das Zifferblatt am Multifunktionsgerät auf 20 Stunden ein.«

Das Multifunktionsgerät. Sollte sie es nicht mitnehmen? Es analysiert die Umgebung und dient auch zur Radiokommunikation. Vermutlich ist es noch am Raumanzug befestigt, der im Zelt liegen muss. Eva bleibt stehen, aber Adam zieht sie weiter zum Frühstück.

»Das Gerät kannst du nachher holen«, sagt er.

Auf der freien Fläche hat Marchenko einen Klapptisch aufgebaut, um den sechs Stühle gruppiert sind. Drei haben Grosnopf-Format, drei sind schmaler. Von der Grosnopf-Crew ist allerdings niemand zu sehen.

»Wo sind denn unsere Freunde?«, fragt Eva.

»Sie machen einen Rundgang zur Erkundung der Gegend«, sagt Marchenko.

»Oh, das will ich auch!«

»Ja, nachher. Erst müsst ihr etwas essen.«

In diesem Moment spürt Eva ihre Blase.

»Tut mir leid, aber ich war heute noch nicht auf der Toilette«, sagt sie.

Marchenko zeigt mit einem seiner sechs Arme in Richtung Dschungel.

»Du meinst, ich soll in den Wald, um …?«

»Nein. Ich habe da hinten eine mobile Toilette aufgebaut. Einfach am Container vorbei. An der Stirnseite ist die Dusche. Dann noch etwa zehn Meter dem Trampelpfad folgen.«

»Danke, du hast ja wirklich an alles gedacht.«

»Ich hatte ja auch Jahre Zeit, um diesen Ausflug vorzubereiten.«

Die Toilette besteht aus einem Würfel mit einem etwa zehn Zentimeter großen Loch, das von einem Schieber verschlossen ist. Der Würfel ist höher als einen Meter. Irgendwer hat vorn zwei Vertiefungen hineingeschlagen, die sie als kleine Treppe benutzt. Als Eva den Schieber öffnet, dringt ein scharfer Geruch heraus. Eine Chemie-Toilette also. Sie zieht Hose und Unterhose herunter und setzt sich.

Von ihrem Thron aus hat sie einen schönen Blick. Der See versteckt sich zwar hinter dem Dschungel, aber die verschiedenen Farbtöne der Vegetation sind faszinierend. Sie sieht Blüten in den verschiedensten Formen, fingernagelklein bis faustgroß, aber alle leuchten in Rottönen. Die Blätter sind bläulich, violett oder dunkelgrün. Eines der schachtelhalmähnlichen Gewächse trägt giftgrüne Früchte, die ansonsten Hagebutten ähneln.

Wie still es um sie herum ist, merkt Eva erst, als sie ihre Blase entleert. Das Geräusch kommt ihr so laut vor wie ein Wasserfall in einer Höhle. Wie peinlich! Das können Adam und Marchenko nicht überhört haben. Warum gibt es denn hier keine Insekten oder Vögel? Warum summt und piepst es nicht? Die Evolution muss einen anderen Weg eingeschlagen haben. Wie als Antwort auf den Lärm aus dem Würfel riecht es plötzlich intensiv nach Zimt, und Eva bekommt Appetit auf Lebkuchen.

»Der Würfel ist ganz schön hoch«, sagt Eva, als sie die freie Fläche wieder erreicht.

Marchenko und Adam sitzen bereits, und Adam kaut an einer undefinierbaren, braunen Masse herum. Gibt es heute etwa kein Müsli?

»Es ist besser so«, sagt Marchenko. »Dann können die Grosnopfe ihre Magenfalte entleeren, ohne dass es zu einer großen Schweinerei kommt. Ich habe das schon auf dem Schiff mit Ragnor besprochen.«

Das ist natürlich ein Argument. Sie hat mal wieder nur an ihre eigene Bequemlichkeit gedacht.

»Und was ist mit Papier? Ich hatte zum Glück Taschentücher dabei.«

»Ja, wenn du welches brauchst, musst du welches mitnehmen. Die Grosnopfe reinigen sich unter der Dusche.«

»Gut zu wissen«, sagt Eva.

»Wenn du Fragen hast, frag. Und nun setz dich und iss etwas.«

Marchenko steht auf, geht zum Container, holt einen Teller und stellt ihn vor sie. Auf dem Teller befindet sich die gleiche Masse, an der Adam kaut. Sie sieht nicht besonders appetitlich aus.

»Was ist das?«, fragt sie.

»Getrocknetes Aaszahnfilet«, sagt Marchenko. »Ist genießbar und enthält alles, was du brauchst.«

»Ich hätte ja eher Appetit auf mein Müsli.«

»Tut mir leid, ihr müsst mit Grosnopfnahrung vorliebnehmen.«

»Haben wir den Nahrungsbereiter nicht dabei? Ich dachte, ich hätte ihn im Shuttle gesehen?«

»Maschenko hasch ihn schweckentfremdet«, sagt Adam.

Dann schluckt er und wiederholt: »Marchenko hat ihn zweckentfremdet.«

»Warum?«, fragt Eva.

»Ich brauche ihn für meine Experimente«, antwortet Marchenko. »Tut mir wirklich leid.«

»Was denn für Experimente? Willst du das hiesige Leben

mit meinem Müsli füttern und beobachten, ob daraus ein Mensch wird?«

»Wichtige Experimente. Ich erkläre es euch nachher.«

»Ach bitte, ich kann das Grosnopfzeug nicht mehr sehen.«

»Der Hunger treibt es rein, glaub mir«, sagt Adam. »Diese Aaszahnfilets sind zwar zäh, aber gar nicht so übel, wenn man sie länger kaut. Sie schmecken wenigstens nicht nach Aas.«

Eva verzieht das Gesicht und setzt sich. Hätte sie das gewusst, hätte sie ja ein paar Vorräte aus dem Schiff mitnehmen können. Sie nimmt Messer und Gabel zur Hand und versucht, einen Bissen von dem Filet abzuschneiden. Es gelingt ihr nicht. Also nimmt sie das Stück getrockneten Fisch wie Adam in die Hand und schlägt ihre Zähne in eine der Ecken.

So schlimm wie befürchtet ist der Geschmack gar nicht. Sie muss Adam recht geben. Die Struktur des Filets erinnert an eine dicke, feucht gewordene Oblate. Sie schafft es zwar nicht, davon abzubeißen, aber wenn sie lange genug darauf herumkaut, löst sich die Masse langsam auf und lässt sich schlucken. Dabei gibt sie einen milden, nussigen Geschmack ab, der überhaupt nicht an Fisch denken lässt.

»Stimmt, kann man essen«, sagt Eva.

»Siehst du«, sagt Adam.

»Jetzt musst du aber von deinem Experiment berichten, Marchenko«, sagt Eva.

»Es ist nichts weiter.«

»He, wir verzichten also wegen ›nichts weiter‹ auf leckeres Essen?«

»Okay, ich stelle damit Samen her.«

»Samen.«

»Ja, Eva. Ich möchte ausprobieren, ob und wie sich irdisches Leben hier durchsetzen könnte.«

»Wieso mit dem Nahrungsbereiter?«

»Wir haben ja kein Saatgut von der Erde mitgenommen. Aber einige Samen sind Teil von Rezepten, die der Nahrungsbereiter kennt.«

»Und du meinst, sie sind lebensfähig?«, fragt Adam.

»Aus den Rezepten entstehen exakte Repliken der molekularen Struktur des jeweiligen Samens. Warum sollten sie nicht keimfähig sein? Es steckt ja keine Seele in ihnen, nichts, was sich nicht durch den Nahrungsbereiter replizieren ließe.«

»Aber wollen ja nicht ewig hierbleiben«, sagt Eva. »Bevor der Sonnenblumenkern gekeimt ist, sind wir längst schon wieder unterwegs.«

»Ja, das wäre ein Problem.«

»Wäre?«

»Ihr wisst, ich hatte genügend Zeit, um mich vorzubereiten. Ich habe die Rezepte so verändert, dass der Stoffdurchsatz in den Pflanzen weitaus schneller erfolgt.«

»Du meinst, die Keimlinge wachsen schneller?«, fragt Eva.

»Viel schneller.«

»Wie schnell?«

»Ich bin noch nicht sicher. Ich hoffe aber, dass ich am Tag drei Generationen sehen werde.«

»Du pflanzt den Sonnenblumenkern ein, und acht Stunden später ist die gesamte Pflanze schon wieder verblüht?«

»So etwa, aber in gut sechs Stunden. Der Tag ist hier ja nur zwanzig Stunden lang.«

»Du bist verrückt, Marchenko«, sagt Eva.

»Also ich mag Verrückte«, sagt Adam.

»Ich bin einfach neugierig«, sagt Marchenko. »Mit der schnellen Generationenfolge hoffe ich, dass die Pflanzen sich besser an die hiesigen Verhältnisse anpassen können. Die Evolution läuft schneller ab. In zwei Wochen schaffe ich, wofür Züchter auf der Erde hundert Jahre brauchen.«

»Du willst Gott spielen, gib es zu. Ich finde das nicht gut. Was, wenn deine Schnellzüchtungen dem Leben hier Konkurrenz machen? Oder wenn die Gene, mit denen du den Stoffwechsel so beschleunigst, von der hiesigen Flora übernommen werden? Ein Stoffwechsel auf Speed, das braucht doch viel mehr Ressourcen. Es könnte womöglich das komplette Ökosystem des Planeten verändern.«

»Keine Sorge, Eva. Ich habe natürlich vorgesorgt. Es gibt einen natürlichen Killswitch. Die von mir umgebauten Gewächse brauchen Kaliumpermanganat, um wachsen zu können. Wenn ich ihnen keines gebe, verkümmern sie. Das ist der Plan.«

»Du hast es noch nie ausprobiert?«, fragt Eva.

»Nein, das war auf der Dracht nicht möglich. Aber das Experiment beginnt, sobald ihr das Frühstück beendet habt.«

Während Adam in der Dusche die beiden Teller abspült, führt Marchenko sie an den Rand der freien Fläche. Der Boden sieht hier nicht besonders fruchtbar aus. Eva scharrt mit dem Fuß darin, und ihr nackter Zeh färbt sich schwarz.

»Ist das etwa Asche?«, fragt sie.

»Ja, das ist der Bereich, wo das Shuttle gelandet ist. Das Triebwerk hat hier alles Brennbare pulverisiert.«

Marchenko hat einen etwa einen mal einen Meter großen Bereich abgesperrt. Dort scheint er den Boden auch etwas angefeuchtet zu haben, denn er sieht so richtig sattschwarz aus.

»Machst du es deinen Samen hier nicht besonders schwer?«

»Nein, im Gegenteil. Die Asche ist ein guter Dünger. Ich glaube nicht, dass die irdischen Zellen etwas mit den organischen Nährstoffen hier anfangen könnten. Die besitzen ja bestimmt ganz andere Strukturen als auf der Erde. Aber Asche ist Asche.«

»Und Staub ist Staub.«

»Ja, hm. Außerdem haben meine Samen hier weniger Konkurrenz als anderswo. Der Boden ist bestimmt bis in zehn Zentimeter Tiefe sterilisiert, so heiß war es durch die Abgase des Landetriebwerks.«

»Fangt ihr etwa ohne mich an?«, fragt Adam.

»Auf keinen Fall«, sagt Marchenko. »Ich habe Eva nur gerade erklärt, was ich dir heute morgen schon erzählt habe.«

»Dann musst du ja bloß noch verraten, was du hier wachsen lassen willst«, sagt Adam.

»Nein, das sollt ihr selbst herausfinden.«

»Einverstanden«, sagt Eva. »Es muss ja eine Pflanze sein, deren Samen Bestandteil menschlicher Nahrung ist. Sonst hättest du das molekulare Rezept nicht.«

»Das stimmt. Aber da ist die Auswahl immer noch ziemlich groß.«

»Nüsse kommen aber nicht in Frage?«, fragt Eva.

»Nein, wir sprechen von Samenkörnern. Und ich verrate euch auch noch, dass es sich um eine einjährige Pflanze handelt. Ich will ja möglichst schnell sichtbare Ergebnisse.«

»Wann sollen wir wiederkommen?«, fragt Adam.

Marchenko schließt die Augen, als müsse er nachdenken.

»Ich habe den ersten Samen vor zehn Minuten in die Erde gebracht, als du noch gegessen hast, Eva.«

Gut, dann haben sie noch ein bisschen Zeit. Eva hat vielleicht doch ein bisschen viel von dem seltsamen Aaszahnfilet gegessen. Jetzt will es wieder ans Tageslicht. Sie dreht sich zur Seite, aber Marchenko hält sie fest.

»Also erwarte ich die ersten Ergebnisse … jetzt«, sagt er und geht in die Knie.

Wie bitte? Eva hockt sich neben Marchenko. Das Beet sieht noch unberührt aus. Sie hält den Atem an. Den Moment, wenn neues Leben aus verbranntem Boden sprießt, hat sie noch nie erlebt. Ob er so magisch ist, wie sie es sich vorstellt? Adam kniet ihr gegenüber. Für Außenstehende muss es wie eine Besprechung wirken, bei der sie die Köpfe zusammenstecken. Marchenko hat einen guten Platz gewählt. Obwohl es bald Mittag ist, liegt er noch im Schatten. Die Sonne kann die neugeborene Pflanze also nicht verbrennen.

Da ist sie. Eva sieht eine unscheinbare Bewegung. Ein Krümel nasser Erde hat sich zur Seite bewegt. Jetzt erst bemerkt sie, wem er Platz gemacht hat. Ein winziges, spitzes Etwas schiebt sich aus dem Boden. Es ist noch nicht einmal grün, eher ungesund bleich, doch es wächst in einem atemberaubenden Tempo. Nach einer Minute ist es schon einen Zentimeter hoch. Es ist immer noch weiß, und es wächst weiter. Zwei Zentimeter nach zwei Minuten, vier Zentimeter nach drei.

Doch dann stockt es. Bei fünf Zentimetern bleibt es stehen. Seine Spitze öffnet sich, als würde dort gleich etwas herauskommen, doch innen ist es hohl. Dann knickt der winzige Spross plötzlich ab.

»Uff«, sagt Marchenko.

»Die arme Pflanze«, sagt Eva.

»Sie sah mir von Anfang an nicht besonders gesund aus«, sagt Adam.

»Ich glaube, ich weiß, woran es liegt«, sagt Marchenko.

»So schnell?«

»Ja, Eva. Es ist unschwer zu erkennen. Dem Keim ist die Kraft ausgegangen, die ihm der Samen mitgegeben hat, und er hat zu lange gebraucht, um sein inneres Solarkraftwerk einzuschalten, das ihm mehr Energie aus dem Sonnenlicht zuführt. Ihr habt ja gesehen, wie bleich der Keim war. Ich muss gentechnisch dafür sorgen, dass von Anfang an genügend Chloroplasten bereitstehen. Bei dem hohen Wachstumstempo kommt die Versorgung sonst nicht hinterher.«

»Es freut mich, dass du schon eine Lösung hast«, sagt Eva. »Dann geht es morgen weiter?«

»So viel Zeit habe ich nicht. Ich denke, dass ich in zwei Stunden den nächsten Versuch starten kann.«

»Was hältst du denn von Marchenkos Versuchen?«, fragt Eva.

Sie schiebt einen behaarten Zweig aus dem Weg und hält ihn fest, bis Adam danach greift. Er geht hinter ihr.

»Danke«, sagt Adam. »Die Versuche, nun ja, er beschäftigt sich eben. Lass ihn doch.«

Eva bemerkt einen braunen Hügel mitten auf dem Weg,

der aus lockerer Erde zu bestehen scheint. Sie will erst mit einem großen Schritt darüber hinweggehen, doch dann überlegt sie es sich anders. Eva bleibt stehen und hockt sich hin. Adam tritt einen violetten Busch nieder und geht neben ihr in die Hocke.

»Was hast du denn da?«, fragt er.

Sie haben auf dem Planeten noch keine Insekten entdeckt, weder fliegende noch krabbelnde. Eva ist nicht böse darüber. Aber die Pflanzen hier wachsen und sterben, und irgendein Prozess muss sie danach zu Humus verarbeiten, aus dem neues Leben entsteht.

»Warst du schon hier draußen?«, fragt sie.

Sie befinden sich nicht weit vom Lager entfernt. Marchenko hat ihnen nur einen kurzen Spaziergang erlaubt.

»Nein«, antwortet Adam. »Und wenn, hätte ich sicher nicht in der Erde gebuddelt.«

»Es sieht auch nicht so aus, als hätte einer der Grosnopfe diesen Hügel aufgeschüttet«, sagt Eva.

»Stimmt«, sagt Adam und greift in die frische Erde hinein.

Eva sieht ihm gebannt zu. Er trägt zwar, wie es Marchenko gefordert hat, Handschuhe, aber das Material ist dünn. Wenn … Plötzlich zuckt Adam zurück und stößt einen Schrei aus. Eva will sich nach hinten bewegen, doch irgendeine Ranke hält ihren rechten Fuß fest. Sie kippt um und landet auf dem Rücken. Adam lacht.

»Du hast nur so getan als ob!«, ruft sie. »Na warte!«

Er hält ihr die Hand hin, und sie zieht sich daran hoch.

»Tut mir leid. Ich konnte ja nicht ahnen, dass du so panisch reagieren würdest.«

»Pah, du kennst die Geschichte von dem Hirten, der immer wieder um Hilfe ruft, obwohl er gar nicht in Gefahr ist?«

»Hat uns Marchenko ja oft genug erzählt.«

»Dann beschwer dich nicht, wenn es dir mal so geht wie dem Hirten.«

»Dieser Planet scheint mir doch ziemlich freundlich zu

sein«, sagt Adam. »Nicht mal Moskitos gibt es. Und erinnerst du dich an die Pirañafrösche auf Proxima B?«

Und ob sie sich daran erinnert. Eva muss aber auch an den riesigen Schatten denken, der vor der Sonnenscheibe entlanggeflogen ist.

»Oh ja, damals hat uns Marchenko gerettet«, sagt sie.

»Ich habe uns gerettet.«

»Nein, Marchenko war es. Ich erinnere mich genau.«

»Egal. Bisher haben wir hier nur Pflanzen vorgefunden.«

»Und daraus schließt du, dass alles ungefährlich ist? Hast du noch nie von fleischfressenden Pflanzen gehört? Die gibt es sogar auf der Erde.«

»Wenn es kein Fleisch gibt, dürfte es der Evolution schwerfallen, fleischfressende Pflanzen zu erfinden.«

Da hat Adam allerdings recht. Aber sie wird ihm nicht die Genugtuung lassen, das zuzugeben. Da fällt ihr eine Bewegung auf. An Adams Arm kriecht eine Art Wurm hoch, etwa fingerlang. Sie zeigt darauf.

»Oh, ich nehme alles zurück. Du hast da etwas.«

Adam betrachtet seinen Arm, und als er den Wurm entdeckt, schüttelt er ihn mit hektischen Bewegungen ab.

»Nein, nicht!«, sagt Eva.

»Uh«, sagt Adam. »Jetzt habe ich eine Gänsehaut.«

»Aber nun können wir den Wurm nicht mehr untersuchen. Es war unser erster Vertreter der heimischen Tierwelt!«

»Greif doch selbst in den Erdhaufen. Bestimmt gibt es darin noch mehr von der Sorte.«

Das ist eine Idee. Eva zieht den Handschuh so weit noch oben, dass er über den Ärmel reicht. Auf ihrer Haut möchte sie keinen fremdartigen Wurm herumkriechen lassen. Dann wühlt sie sich mit den Fingern langsam in den Haufen. Der Boden ist weich und warm, fast wie Sand am Strand, aber mit mehr fühlbarer Struktur. Sie kann sich vorstellen, wie tote Pflanzenteile hier langsam zersetzt werden. Würmer spürt sie nicht, aber das könnte am Handschuh liegen.

Sie schiebt die Hand bis zum Handgelenk in den Erdhaufen, wartet kurz und zieht sie wieder zurück. Etwas Erde rieselt herab, während sie den Handschuh von allen Seiten begutachtet. Da, an der Rückseite bewegt sich etwas. Es ist ein schlanker Wurm mit silbriger Haut, etwa zwei Zentimeter lang. Und ganz in seiner Nähe bewegt sich ein weiteres, kleineres Exemplar schlangenartig über den Stoff.

»Hast du ein Stück Papier?«, fragt sie.

Adam holt ein Taschentuch aus seiner Hosentasche und legt es auf den Boden. Eva hält ihre Hand darüber und schüttelt sie leicht. Das scheint die Würmer nicht zu stören, also gibt sie ihnen mit dem Zeigefinger der anderen Hand einen kleinen Schubs.

Auf dem weißen Taschentuch lassen sie sich gut beobachten. Sie liegen erst einmal nur starr da, als wären sie tot. Der größere Wurm hat am ganzen Körper Härchen. Ein Kopf ist nicht auszumachen. Über den Rücken des kleineren verteilen sich mehrere schwarze Punkte, die an winzige Augen erinnern. Nach einer Minute erwachen beide fast gleichzeitig wieder. Sie bewegen sich in exakt unterschiedliche Richtungen, als hätten sie sich abgesprochen und wollten sich auf keinen Fall in die Quere kommen. Auf dem Papier hinterlassen sie feine, braune Spuren.

Adam will sie aufhalten, aber Eva schüttelt den Kopf.

»Lass sie in Ruhe«, sagt sie.

»Wir sollten sie Marchenko mitbringen, der will sie bestimmt untersuchen.«

»Ich habe das Gefühl, dass er sich eher für sein Experiment interessiert.«

»Na gut, dann sollen die beiden am Leben bleiben.«

Der größere Wurm hat bereits den Rand des Taschentuchs erreicht. Er lässt sich vorsichtig auf ein Blatt hinab, das etwas niedriger liegt, und kurz danach ist er zwischen den Pflanzen verschwunden, die den Boden bedecken. Da, wo der kleinere Wurm über den Rand des Taschentuchs kriecht, ist ein Stück Erde zu sehen. Er lässt sich mit einem Ende voran hinab, kriecht aber nicht weiter, sondern bohrt sich sofort in den Untergrund. Das geht so schnell, dass sie nicht einmal sehen, wie genau er das macht.

Mit einem Mal wird es hell. Eva sieht nach oben und muss die Augen mit der rechten Hand abschirmen. Die Sonne Epsilon Eridani hat ihren Höchststand erreicht, sodass ihre Strahlen auch in diesen schmalen Pfad im Dschungel hineinscheinen.

»Es ist Mittag«, sagt Eva. »Wir sollten zu Marchenko zurückkehren.«

Sie erreichen das Lager eine Viertelstunde später. Marchenko steht bewegungslos vor dem Tisch. Er sieht aus, als wäre sein Körper eingefroren und als hätte seine Seele ihn verlassen. Hoffentlich müssen sie ihn nie wirklich so sehen! Doch offenbar funktionieren seine Sinne noch. Er dreht sich zu ihnen um und winkt mit zwei seiner sechs Arme.

»Das war gespenstisch gerade«, sagt Eva.

»Entschuldige. Ich war in Gedanken. Das Experiment, ich bin es noch einmal komplett durchgegangen. Aber du hast recht, ich muss mehr Kapazität für den Körper übriglassen. Haut, Mimik, die sechs Arme, das braucht mehr Rechenkapazität als der einfache Körper von früher. Daran muss ich mich erst gewöhnen. Als ihr noch geschlafen habt, ist das niemandem aufgefallen.«

»Meinetwegen ist das nicht nötig«, sagt Eva.

»Doch. Ich habe gesehen, wie ich dich erschreckt habe. Das möchte ich nicht. Aber schön, dass ihr wieder da seid. Wir können auch gleich anfangen.«

»Hast du das Problem gelöst?«, fragt Adam.

»Ich hoffe es. Aber endgültig wird das nur das Experiment zeigen.«

»Dann lass uns anfangen«, sagt Adam.

Marchenko nickt und führt sie zu dem freien Flecken Erde. Dort greift er in eine Klappe an seinem Bauch und entnimmt ihr etwas, vermutlich das Samenkorn. Eva kann es zwischen seine Fingern nicht erkennen. Marchenko versenkt Zeigefinger und Daumen der Hand etwa einen Zentimeter tief in der Erde, zieht sie wieder heraus und drückt die Erde fest. Anschließend gießt er aus einer Flasche etwas Wasser darüber, das schnell eindringt.

»Gut, wann sollen wir wiederkommen?«, fragt Adam.

»Bleibt am besten da. Es wird nicht lange dauern.«

In diesem Moment teilt auch schon eine winzige, grüne Spitze die Erde. Diesmal ist sie nicht bleich. Eva rutscht ein Stück zur Seite, damit ihr Schatten nicht darauffällt.

»Es müsste auch im Schatten genügend Energie gewinnen«, sagt Marchenko. »Ich habe den Prozess gentechnisch etwas optimiert.«

»Aber widerspricht das nicht deinem Ziel?«, fragt Adam.

»Wieso?«

»Du wolltest doch testen, wie die Evolution irdischem Leben hilft, sich an die Bedingungen hier anzupassen. Das ist doch keine Evolution, Zellstrukturen gentechnisch zu verbessern.«

»Ich … Du hast schon irgendwie recht. Aber die Veränderung, die ich an dem Erbgut durchgeführt habe, führt ja lediglich dazu, dass mein Experiment überhaupt durchführbar wird. Sie ändert nichts am Ergebnis. Wir sehen es nur eher. Oder sollen wir hier hundert Jahre verbringen?«

»Bloß nicht«, sagt Adam. »Das könnte die langweiligste Zeit meines Lebens werden. Stell dir vor, bei unserem Streifzug haben wir doch tatsächlich zwei Würmer entdeckt.«

»Habt ihr sie mitgebracht, damit ich sie analysieren kann?«

»Nein, Eva war dagegen. Sie wollte nicht, dass du sie tötest.«

»Das ist für eine genaue Analyse allerdings notwendig«, sagt Marchenko.

»Siehst du, Adam, ich wusste es. Huch!«

Etwas kitzelt sie am Knie. Eva hat die ganze Zeit Adam und Marchenko bei ihrem Gespräch beobachtet und gar nicht mehr auf den Keim geachtet. Und nun ist er schon zehn Zentimeter hoch!

»Das geht ja wirklich schnell«, sagt Adam.

»Ich gebe zu, ich bin selbst überrascht«, sagt Marchenko.

Der Keim hat nun an seiner Spitze zwei Blätter gebildet, die schräg auseinanderstreben. Eva steht auf, denn die Pflanze ist schon wieder um ein paar Zentimeter in die Höhe geschossen. Richtig gesund sieht sie allerdings nicht aus. Sie hat zwar schon eine beachtliche Größe, wirkt aber immer noch wie gerade erst durch die Oberfläche gebrochen. Es ist, als hätte Marchenko einen Keim künstlich aufgeblasen. Wie lange mag das gutgehen?

»Ich würde gern eine längere Expedition über den Planeten unternehmen«, sagt Adam.

Marchenko reagiert nicht. Er scheint von seiner Schöpfung fasziniert zu sein. Die Pflanze ist ständig in Bewegung. Sie erinnert fast an ein Tier, das sich bewusst aus der Erde schiebt. Wie mag wohl ihr Wurzelgeflecht aussehen? Ob es ebenso schnell in die Erde vordringt wie die Pflanze gen Himmel wächst?

»Hört mir vielleicht mal jemand zu?«, fragt Adam.

»Ich höre dich«, sagt Marchenko. »Du willst auf eine längere Expedition gehen.«

»Ja, und was sagst du dazu?«

»Habe ich denn etwas dazu zu sagen? Ihr seid erwachsen, biologisch schon über 30, da kann ich euch doch sowieso nichts mehr befehlen.«

Adam macht große Augen. Was Marchenko da sagt, ist aber wirklich neu. Sonst hat er ihnen immer ins Gewissen geredet und ihnen dazu jede Menge Tipps gegeben.

»Na dann«, sagt Adam. »Ich bin also mal weg.«

»Ich komme mit«, sagt Eva. »Wenn du bis morgen wartest. Es ist doch schon Nachmittag, da kommen wir heute sowieso nicht mehr weit.«

»Fünfzehn Kilometer würden wir schon noch schaffen.«

»Ich würde heute lieber noch ausprobieren, ob man in dem See zu unseren Füßen schwimmen kann.«

Adam lächelt. »Das ist natürlich auch eine Idee. Eine sehr gute sogar.«

DER RUCKSACK ENTHÄLT Kleidung für jeden Zweck, aber keinen Badeanzug. Eva schnürt ihn wieder zu. Sie wischt sich den Schweiß von der Stirn. In dem Zelt ist es tagsüber besonders heiß. Sie schüttelt den Schlafsack aus und legt ihn zusammen. Dann kriecht sie rückwärts auf den Knien wieder aus dem Zelt.

Als sie aufsteht, erschrickt sie, denn Adam wartet schon. Im Schatten eines mehrere Meter hohen Baums mit tonnenförmigem Stamm hat sie ihn gar nicht bemerkt.

»Nichts, oder?«, fragt er.

»Nein, daran hat Marchenko nicht gedacht.«

»Ich habe auch keine Badehose«, sagt Adam.

»Dann schwimmen wir eben in Unterwäsche.«

Eigentlich gibt es hier nur sie drei. Die neugierigen Grosnopfe kommen erst übermorgen zurück. Gut, das Shuttle könnte wieder eintreffen. Aber im Grunde könnten sie auch nackt schwimmen. Doch irgendwie fällt es Eva schwer. Es ist weniger die Scham als die Fremdartigkeit dieses Planeten. Wenn sie nichts anhat, fühlt sie sich ihm hilflos ausgeliefert. Am liebsten würde sie beim ersten Mal im Raumanzug schwimmen.

Marchenko würde ihr vielleicht sogar dazu raten. Aber so weit muss sie ja nicht gehen. Sie laufen nebeneinander zum See. Der schwarze Sand am Strand hat sich aufgeheizt. Eva beeilt sich, dorthin zu kommen, wo das Wasser am Strand leckt. Sie muss sich immer wieder sagen, dass das ein Binnensee ist, kein Meer. Das Gewässer scheint wirklich riesig zu sein.

»Man sieht nicht einmal das andere Ufer«, sagt sie.

»Na logisch, der Planet ist kleiner als die Erde. Da ist der Horizont näher«, sagt Adam.

»Klugscheißer.«

Eva dreht sich um. Gleich hinter dem Strand beginnt der Dschungel. Nur wo das Shuttle gelandet ist, gibt es eine Lücke, die von hier aus ziemlich klein aussieht. In der Lücke wächst eine seltsame Pflanze gen Himmel. Sie ist etwa zwei Meter hoch und mit ovalen, gestielten Blättern besetzt. Ihr Grün passt nicht hierher. Das Chlorophyll der irdischen Pflanzen ist auf diesem Planeten unbekannt. Aber es ist nicht nur der Farbton. Das Gewächs kommt ihr wie ein Eindringling vor. Ihr Bruder versteht das bestimmt nicht, deshalb behält es Eva für sich.

Wasser spritzt von hinten auf ihre Arme. Sie dreht sich zum See. Adam steht schon bis zur Hüfte im Wasser.

»Nun komm! Ist schön warm!«, ruft er.

»Ich warte mal lieber. Einer muss dich doch retten. Denk an die Aaszähne auf Zweisonne!«

Sie ist eben die Vernünftige. Das war schon immer so.

»Ich bin schneller als die«, sagt Adam.

Er stößt sich mit den Füßen ab und gleitet kopfüber ins Wasser. Prustend kommt er wieder an die Oberfläche.

»Ist nicht salzig«, sagt er, »schmeckt aber ein bisschen abgestanden.«

Das ist ihr auch aufgefallen. Der See riecht nicht so frisch wie das Meer, das sie auf Proxima b erlebt hat. Aber woraus sich das muffige Aroma zusammensetzt, kann sie noch nicht sagen. Adam taucht wieder ein. Diesmal bleibt er länger unten. Mit geöffneten Augen kommt er wieder hoch.

»Die Sicht ist sehr gut«, sagt er. »Der Boden ist hier von verschiedenen Pflanzen bewachsen. Und ich habe, glaube ich, einen vierbeinigen Fisch gesehen.«

»Einen vierbeinigen Fisch?«, fragt Eva.

»Ja, lach nicht. Er war schlank wie ein Fisch, hatte aber Beine.«

»Vielleicht kann er im Wasser und an Land leben. Wie groß war er?«

Adam zeigt eine Länge von etwa einer Elle.

»Dann hoffen wir mal, dass du damit das gefährlichste Wesen dieses Sees schon entdeckt hast«, sagt Eva.

»Das hatte ich sowieso schon, denn das bin ja eindeutig ich.«

Eva muss lachen. Adam ist so ein Angeber. Sie erinnert

sich noch zu gut an die Szene mit der riesigen Spinne auf Proxima. Eigentlich sollte Adam es besser wissen.

»So, jetzt bist du dran«, sagt Adam.

Er kommt langsam auf sie zu. Immerhin hält er sich an die Verabredung, dass stets einer aufpasst, während der andere schwimmt. Eva geht ihm entgegen. Als sie ihn fast erreicht hat, schlägt er mit den Händen aufs Wasser und spritzt sie nass. Eva ignoriert das. Ihre Unterhose und ihr T-Shirt sind zwar schon klatschnass, aber das Wasser ist wirklich sehr warm. Sobald sie Hüfttiefe erreicht hat, hechtet sie nach vorn, drückt sich unter Wasser und beschleunigt mit kräftigen Schwimmbewegungen.

Ob es noch funktioniert? Sie dreht sich auf den Rücken und gleitet in Bodennähe durch den See. Die Wasseroberfläche glitzert golden über ihr. Sie öffnet den Mund. Luftblasen steigen auf. Sie lässt eine nach der anderen heraus, bis sie keine Luft mehr bekommt. Kurz hat sie das Gefühl zu ersticken, aber es ist ungefährlich. Das Wasser ist keine zwei Meter tief. Sie kann jederzeit auftauchen, solange sie nicht das Bewusstsein verliert.

Jetzt. Das ist der Moment. Es kitzelt an ihrem Hals, als sich die Poren zu Spalten öffnen. Sie saugt Wasser ein, filtert Sauerstoff heraus und stößt es wieder aus. Ihre Kiemen funktionieren noch, ein gentechnisches Geschenk des Schöpfers, genau wie ihre Fähigkeit, im infraroten Bereich zu sehen. Eva macht ein paar Schwimmbewegungen, um nicht nach oben getrieben zu werden. Das Wasser ist ihr Medium. Es ist ganz anders als Luft. Es ist immer um sie herum, schließt sie vollkommen ein, und wenn sie sich ihm zu sehr ausliefert, zerquetscht es sie.

Etwas kneift in ihren Zeh. Mist. Es scheint hier doch Raubfische zu geben. Sie tritt kräftig in die Richtung des unbekannten Angreifers. Im Wasser breitet sich ein tiefer Schmerzlaut aus. Eva taucht auf, und neben ihr hebt Adam den Kopf aus dem Wasser. Er hält eine Hand vor sein linkes Auge. Eva lacht.

»Das hast du jetzt davon«, sagt sie. »Du wolltest doch am Strand Wache schieben!«

»Du kennst mich doch«, sagt Adam.

Er hält sein Auge immer noch zu.

»Ist es schlimm?«, fragt Eva. »Komm, wir lassen es von Marchenko untersuchen.«

»Es geht schon«, sagt er.

Adam nimmt die Hand weg. Eva hält seinen Kopf und untersucht das Auge. Es ist keine Verletzung zu erkennen. Und doch zittert Adam, obwohl es so heiß ist. Jetzt kommt er ihr vor wie ein kleiner Junge. Sie nimmt ihn als große Schwester in den Arm und streichelt ihm über den Rücken.

»Es ist nichts zu sehen. Das war wohl vor allem der Schreck«, tröstet sie ihn.

Sie spürt den sich beruhigenden Rhythmus seines Atems, der ihre nasse Schulter kühlt. Nach einer halben Minute löst Adam sich aus der Umarmung.

»Entschuldige«, sagt er. »Manchmal … Ich weiß auch nicht.«

»Lass uns zurückschwimmen.«

»Nein, bitte nicht. Das käme mir wie eine Niederlage vor. Du schwimmst, und ich passe diesmal wirklich auf, versprochen.«

Ein frischer, angenehm trockener Wind ist aufgekommen. Der Wellengang nimmt überraschend schnell zu. Ob das an der geringeren Schwerkraft hier liegt? Eva wartet eine besonders hohe Welle ab und stürzt sich mit den Armen voran hinein. Das T-Shirt bremst sie. Sie hätte es ausziehen sollen. Eva taucht bis zum Boden und sucht nach dem Fisch, den Adam beschrieben hat. Eigentlich hat sie gar keine Lust mehr, aber sie hat das Gefühl, es Adam schuldig zu sein, damit er auf sie aufpassen kann und sich gebraucht fühlt.

Seltsamerweise hatte sie nie den Eindruck, nicht gebraucht zu werden. Vielleicht liegt es daran, dass sie immer die Vernünftigere war. Einer musste ja ausbügeln, was Adams Vorpreschen angerichtet hatte. Dafür kassierte sie natürlich auch nie so viel Kritik wie ihr Bruder für seine Verrücktheiten. Es zahlt sich wohl eher aus, vernünftig zu sein. Trotzdem hat sie ihn schon öfter beneidet, weil er es schafft, sich ohne nachzudenken in ein Abenteuer zu stürzen.

Da war etwas. Links, zwischen den dunkelblauen Ranken der Wasserpflanze, die sich über den Boden schlängelt. An die seltsamen Farben hier muss sich Eva erst noch gewöhnen. Das beginnt schon beim Sonnenlicht, das deutlich weiter im roten Bereich ist als etwa die Sonne von Alpha Centauri. Unter Wasser verschieben sich die Farbtöne noch weiter. Wohin ist der Fisch verschwunden? Eva presst sämtliche Luft aus ihrer Lunge und entdeckt einen verräterischen Schatten. Sie taucht noch etwas tiefer und hebt die Ranke hoch.

Das Tier scheint sie entdeckt zu haben. Es presst sich gegen den Boden. Seine Länge entspricht Adams Beschreibung. Es sieht aus wie eine dicke, dunkelbraune Gurke. *Schlank wie ein Fisch*, hat Adam die Form genannt. Wo vorn und hinten sind, ist nicht zu erkennen. In der Mitte verläuft ein hellerer Längsstreifen, und direkt auf dem Streifen sind mehrere Erhebungen zu erkennen, die in regelmäßigen Abständen angeordnet sind. Sie sehen aus wie Warzen, deren Spitze von einer glasartigen Linse bedeckt ist. Ob es sich um Augen handelt? Eva zählt nach. Es sind sieben. Wie viele hatte der kleine Wurm?

Sie zieht sich ein wenig zurück. Sobald ihr Schatten nicht mehr auf das Tier fällt, bewegt es sich nach vorn. Es besitzt wirklich vier Beine. Sie sind kurz wie bei einer Schildkröte. Statt eines Fußes bildet aber eine dreieckige Flosse ihr Ende. Die Beine sehen stabil genug aus, um damit auch an Land durch die Gegend zu watscheln. Mit möglichst langsamen Bewegungen folgt Eva dem Fisch, den sie Eridanus-Seegurke nennt.

Zunächst scheint er sich ziellos über den Grund des Sees zu bewegen. Will er eventuelle Feinde abhängen? Doch dann erkennt sie, was das Tier wirklich bewegt: Die Ranke, auf die es zuschwimmt, ist von einer glibbrig wirkenden Masse bedeckt. Es könnte sich um einen Schädling halten, um Laich eines anderen Tiers oder auch um seltsame Früchte. Um das herauszufinden, müsste sie eine Probe nehmen, aber damit erschreckt sie den Fisch bestimmt.

Also beobachtet Eva nur. Die Seegurke schiebt sich über den Glibber, verharrt einen Moment und kriecht ein Stück nach vorn. Wo sie sich aufgehalten hat, ist von der Masse nichts mehr zu sehen. Das sieht ganz danach aus, als würde sich die Eridanus-Seegurke von diesem Zeug ernähren.

Wie lange ist sie jetzt eigentlich schon unter Wasser? Eva sieht zur Oberfläche. Die Sonnenstrahlen treffen den See schon unter einem flacheren Winkel. Aber Adam weiß ja, dass sie nicht ersticken kann. Sie folgt lieber dem Fisch noch einen Moment. Doch der scheint nun genug gefressen zu haben. Er gibt den Zickzackkurs auf und schwimmt immer geradeaus, als habe er ein festes Ziel. Oder flüchtet er vor ihr? Sie bewegt die Hand, doch das Tier reagiert gar nicht.

Nur fünf Minuten später erreichen sie ein Loch im Boden. Eine Höhle! Kühles Wasser dringt heraus. Sie lässt es in ihre Kiemen strömen. Es ist sauerstoffreich und riecht wie der Regen nach einem heftigen Gewitter. Die Eridanus-Seegurke wird etwas langsamer, wohl weil sie gegen die Strömung kämpfen muss. Eva folgt ihr. Hätte sie doch bloß eine Taschenlampe mitgenommen! Aber noch ist es nicht zu dunkel. Der Fisch scheint sogar allmählich heller zu werden. Dafür wird der Boden zunehmend kahler. Er besteht jetzt nur noch aus Felsgestein.

Mit einem Mal ist die Seegurke verschwunden. Eva schwimmt näher an den Grund und entdeckt eine Spalte, in der sich das Tier befindet. An ihrem Boden sind Tentakel angeheftet, die sich bewegen. Ihre Enden, die hin und her fächeln, bestehen aus fingergroßen Minigurken. Eva kann es nicht genau erkennen, aber es wirkt, als würde die große Gurke die kleinen füttern. Vermutlich besitzt sie an der Unterseite eine Fressöffnung, aus der sie nun die gelartige Masse herausdrückt.

Eva wartet, bis die Fütterung vorüber ist. Sie verharrt möglichst regungslos an der Decke der Höhle. Dadurch fällt ihr das Atmen schwer, denn das Wasser fließt nur langsam durch ihre Kiemen, aber ein paar Minuten lang hält sie schon durch. Die Seegurke tut ihr schließlich den Gefallen und schwimmt wieder aus der Spalte heraus. Sie will sich langsam zum Ausgang der Höhle bewegen, hat aber nicht mit Eva gerechnet. Auf diesen Moment hat Eva nur gewartet. Sie greift mit beiden Händen nach dem Tier und dreht es um.

Oh. Beinahe hätte sie die Eridanus-Gurke wieder losgelassen. An der Unterseite ist das Tier offen. Ein breiter Spalt zieht sich von einem Ende zum anderen. Er ist ein paar Millimeter geöffnet, gerade so weit, dass sie die vielen Zähne erkennen kann, die auf beiden Seiten sitzen und sich wie in einer La-Ola-Welle hin- und herbewegen. Von unten hat das Tier nichts mehr mit einer Gurke gemein. Es erinnert eher an ein breites, gierig aufgerissenes Maul, das nur darauf wartet, auf etwas herumkauen zu können.

So wie an ihrem linken Mittelfinger, der sich etwas zu weit um die Gurke herumbewegt hat. Eva merkt zunächst gar nichts. Sie sieht nur den schwarzen Faden, der sich gen Boden zieht. Es ist ihr Blut. Sie lässt das Tier sofort los. An ihrem Mittelfinger fehlt ein kleiner Teil der Kuppe, und es fließt mehr Blut heraus. Scheiße! Vor Schreck stößt Eva auch noch mit dem Kopf gegen die Decke der Höhle.

Ganz ruhig bleiben. Das Tier kann nichts dafür, dass du ihm den Finger ins Maul gesteckt hast. Tatsächlich macht die Seegurke keine Anstalten, ihr zu folgen. Sie ist langsam zu Boden gesunken und schwimmt mit ihren kurzen Beinen wieder zum Ausgang der Höhle. Mit menschlichem Blut kann sie ihren Nachwuchs bestimmt nicht füttern.

Eva fächelt sich frisches Wasser zu. Zarte, dunkle Fäden breiten sich aus, bilden Schleifen und Schlingen. Die künstliche Strömung verteilt ihr Blut in der Höhle. Und die Höhle reagiert. Sie ist nicht so leer, wie Eva gedacht hat. Aus ihren Tiefen kommen andere Tiere. Das Aroma ihres Blutes muss sie anlocken. Das Buffet ist angerichtet, müssen sie denken. Hoffentlich sind sie nur neugierig! Eva weiß viel zu wenig.

Das erste Tier, das sie in seiner ganzen Schönheit bemerkt, sieht aus wie ein schwimmender Weihnachtsbaum. Es besitzt mehrere Gruppen von grünen, faserigen Flossen, die um eine Achse verteilt sind. Die Flossen, die Äste, bewegen sich auf und ab. Dahinter kommt ein zweiter, größerer Weihnachtsbaum. Das Seltsamste aber ist der Schmuck, der sich an den Ästen befindet. An dünnen Fäden sind kugelförmige Objekte aufgehängt, in denen Eva eine Linse erkennt, unter der eine Pupille den Lichteinfall reguliert. Die Kugeln schwimmen so, dass die Linse nach oben zeigt. Das seltsame Wesen scheint – wie auch schon die Gurke oder der Wurm – Gefahren vor allem von oben zu erwarten.

Eva will sich gerade abwenden und die Höhle verlassen, als ein weiteres Lebewesen auftaucht. Es ist platt und halbkreisförmig wie eine zusammengeklappte Pizza, und es bewegt sich fort, indem es die beiden Hälften öffnet und schließt. Augen besitzt es nicht. Warum brauchen manche der Wesen hier nichts zu sehen? Vielleicht verlässt die halbe Pizza ja nie seine Höhle.

Ein weiterer Weihnachtsbaum taucht auf, und noch einer. Mittlerweile ist sie von den seltsamen Wesen umzingelt. Eva dreht sich zum Eingang der Höhle, doch auch dort hat sich längst einer platziert. *Was soll das hier werden, meine Besten? Geht man so mit seltenem Besuch um?* Am besten, sie zieht sich vorsichtig zurück.

Doch dann lenkt ein noch seltsamerer Anblick sie ab. Sie bemerkt das neue Tier nur, weil es plötzlich ganz hell in der Höhle wird. Die Lichtquelle ist eine im Wasser schwebende Glühlampe. Biolumineszenz? Sie hat auch die typische Form, doch statt in einem Gewinde endet sie in einer halben Gurke, an deren Unterseite sich vier kleine Füße befinden. Eine wandernde Glühlampe kommt auf sie zu. Eva muss lachen und schluckt Wasser.

Adam. Inzwischen macht er sich bestimmt Sorgen. Sie steckt den Finger mit der verletzten Kuppe in den Mund und verteilt das restliche Blut mit der anderen Hand, sodass keine direkte Spur mehr zu ihr führt. Der Trick funktioniert. Die seltsamen Wesen müssen sich an den Molekülen ihres Bluts orientiert haben wie Haie. Was hätten sie getan, wozu wären sie fähig gewesen, hätten sie die Quelle erreicht? Sie wird es heute nicht mehr erfahren, denn nun schwimmt sie geschickt an dem wartenden Weihnachtsbaum vorbei und verlässt die Höhle.

Ah, da bist du ja. Die Eridanus-Seegurke hat sich Zeit gelassen, als hätte sie auf sie gewartet. *Dann schwimmen wir doch gemeinsam nach Hause, kleine Gurke.* Das Tier ist vermutlich wieder auf Nahrungssuche. Es schlängelt sich von Ranke zu Ranke. Trotz der putzig aussehenden Beine sieht seine Bewegung elegant aus, so weit man das von einer Gurke sagen kann. Der See wird zunehmend flacher, die Ranken seltener. Anscheinend ist dieser Teil des Ufers schon abgegrast. Es sieht nicht gut aus für den Nachwuchs in der Felsspalte.

Ob sie das Tier mit an Land nehmen soll? Vielleicht gelingt es ihr, Marchenko damit von seiner fixen Idee abzubringen. Dieser Planet bietet so viele Überraschungen. Vermutlich könnten sie Jahre damit verbringen, ihn zu erforschen. Da ist es doch egal, ob irdische Pflanzen hier überleben können. Evas Mittelfinger blutet wieder, also steckt sie ihn erneut in den Mund. Dadurch kommt sie langsamer voran. Die Seegurke hat es plötzlich besonders eilig. Ihre Bewegung wird hektischer, ihr Kurs kurvenreicher. Doch immer wieder hält sie inne. Dann wellt sich ihr Körper plötzlich. Eine Schwingung läuft von vorn nach hinten und lässt die in der Mittellinie angesetzten Augen merkwürdig schwanken.

Danach schießt die Seegurke jedes Mal wie von der Tarantel gestochen nach vorn, um sich unter einem Blatt zu verstecken. Was ist bloß in sie gefahren? Fühlt sie sich verfolgt? Vielleicht ist ja Adam ins Wasser gekommen. Eva sucht nach seinen behaarten Beinen, aber sie ist allein.

In diesem Moment wird es kurz dunkel. Ein Schatten zieht über sie hinweg. Er wird kleiner und dunkler. Seine Ränder sind verwaschen, als flatterten sie. Eva duckt sich instinktiv, doch der Schatten zielt nicht auf sie. Er zielt auf die Seegurke. Es klatscht. Der Schatten verwandelt sich in gefiederte Beine, die in scharfen Krallen enden. Sie rammen sich von zwei Seiten in die zarte Haut der Gurke. Eine dunkle Flüssigkeit tritt aus. Eva bemerkt Ammoniakgestank. Die Krallen verschwinden wieder im Schatten, und der Schatten entfernt sich schnell, weg vom Ufer des Sees. Die Seegurke ist verschwunden. Das Einzige, was geblieben ist, sind ein paar grünschwarze Fäden, die sich im Wasser verteilen. Zwei eiförmige, kleine Fische schnappen danach, verschwinden aber panisch, als Eva eine Bewegung auf sie zu macht.

Sie steht auf. Das Wasser ist hier schon so flach, dass es ihr nur noch bis zur Brust reicht.

»Ah, da bist du ja!«, ruft Adam.

»Hast du das gesehen?«, fragt Eva.

»Was? Ich habe ein Platschen gehört, und dann bist du aus dem Wasser aufgetaucht.«

»Etwas ist aus dem Himmel gekommen und hat die Eridanus-Seegurke geschnappt.«

»Die Seegurke?«

»Den Fisch mit den vier Beinen, den du gesehen hast.«

»Ah, stimmt, der hatte etwas von einer Gurke«, sagt Adam.

»Also was ist mit dem Raubtier?«, fragt Eva.

Sie geht langsam auf das Ufer zu.

»Tut mir leid, Eva, ich habe nichts gesehen. Ich habe am Ufer gesessen und in den Sand gemalt, bis ich das platschende Geräusch gehört habe. Dann habe ich aufgesehen, und du bist aus dem Wasser gekommen.«

»Da müsste ein Schatten gewesen sein.«

»Das ist schon möglich, aber ich habe ihn verpasst. Wie sah er denn aus?«

Eva dreht sich um, sodass sie auf den See hinaus sieht. Die Sonne steht schon wieder nah am Horizont. Der Himmel ist wolkenlos. Es ist keine Spur eines Schattens zu finden. Sie geht langsam rückwärts. Vielleicht taucht er ja noch einmal auf.

»Ich habe nur seine Beine gesehen. Das Wasser war da etwa 1,20 Meter tief, die Krallen reichten bis zum Boden, und vom Körper des Tieres war nichts zu sehen.«

»Des Vogels«, sagt Adam.

»Wie bitte?«, fragt sie und dreht sich wieder zu Adam.

»Es muss ja ein Vogel gewesen sein.«

»Ach so, ja. Wahrscheinlich. Vielleicht war es auch ein fliegender Weihnachtsbaum oder eine Kampfalge.«

»Ha ha, ich glaube, du hast zu viel von dem Wasser geschluckt.«

Ihr wird schwindlig. Sie greift sich an den Hals. Was ist los? Sie schlägt sich an die Stirn und atmet tief. Hier draußen muss sie mit der Lunge atmen.

»Geht es dir gut?«, fragt Adam.

»Ja, nur ein paar Umstellungsprobleme.«

Sie tastet ihren Hals ab, aber die Kiemen haben sich bereits geschlossen.

Adam zeigt auf ihren Finger. »Und das da?«

»Ach, die Fingerkuppe. Nur ein bisschen offen. Muss ein Pflaster drauf.«

Sie leckt das Blut ab.

»War das so eine Kampfalge? Wurdest du von Pflanzen attackiert?«, fragt Adam.

»Nein, aber ich habe seltsame Tiere gesehen. Da waren zum Beispiel schwimmende Weihnachtsbäume. Dieser Vogel! Wenn die Beine schon anderthalb Meter lang waren, muss er ja mindestens vier, fünf Meter groß sein!«

»Das könnte hinkommen. Zu dumm, dass ich ihn nicht gesehen habe.«

»Marchenko wird mir kein Wort glauben«, sagt Eva.

»Warum? Er vertraut dir.«

»Mir schon. Meinen Beobachtungen nicht unbedingt. Er wird sich fragen, warum wir dann keine kleinen Vögel sehen, wenn es so riesige gibt. Das passt nicht. In einem Ökosystem sind immer alle Nischen besetzt.«

»Das stimmt, aber vielleicht haben wir die kleinen Arten ja bloß noch nicht entdeckt?«

»Vielleicht.«

»Gerade deshalb bitte ich dich, Marchenko nichts von deiner Beobachtung zu erzählen.«

»Wieso, Adam? Weil er mir sowieso nicht glaubt?«

»Er wird dir vielleicht nicht glauben. Aber er wird uns auf jeden Fall unsere kleine Expedition verbieten.«

Adam hat recht. Wenn Marchenko eine Gefahr für sie wittert, lässt er sie nicht gehen. Dann müssen sie bei seinen langweiligen Versuchen zusehen.

»Das stimmt. Ich erzähle ihm von der Eridanus-Seegurke, das muss reichen.«

Marchenkos Experiment scheint erfolgreich gewesen zu sein. Das Ergebnis sehen sie schon aus der Entfernung. Im eher bläulichen Grün des hiesigen Dschungels hebt sich das satte, dunkle Grün der irdischen Pflanze deutlich ab. Sie ist inzwischen so groß wie die höchsten Bäume hier. Marchenko sitzt in ihrem Schatten, mit dem Rücken an den armdicken Stamm gelehnt. Er hat die Augen geschlossen, als würde er dösen.

Noch bevor Eva ihn begrüßen kann, springt er auf.

»Ich habe schon überlegt, ob ich euch abholen soll«, sagt er.

»Vertrau uns doch einfach«, sagt Adam.

»Natürlich vertraue ich euch. Ich wollte euch nur zum Abendessen holen.«

»Gibt es denn etwas Vernünftiges?«, fragt Adam.

»Ich habe den Nahrungsbereiter für eine Stunde zweckentfremdet und euch ein paar Burger gemacht. Aber jetzt sind sie bestimmt schon kalt.«

»Du meinst, du hast ihn seinem wahren Zweck zugeführt.«

»Ach, komm, lass uns nicht streiten, Adam. Ich muss über Nacht noch ein paar Veränderungen an meinem Saatgut vornehmen.«

Marchenko klopft an den Stamm, und von oben rieselt ein kurzer Regenschauer herab.

»Die Luftfeuchtigkeit setzt sich an den großen Blättern ab«, erklärt er. »Das ist zwar gut für den Wasserhaushalt der Pflanze, aber schlecht für Sauerstoffaufnahme und Lichtausbeute.«

»Was willst du denn noch?« Eva zeigt nach oben. »Ist doch riesig geworden. Was wird das, ein Mammutbaum?«

»Eine Sonnenblume«, sagt Marchenko. »Das Problem sind die Blätter. Sie sind nicht differenziert genug, ihre Oberfläche ist so glatt. Bei einem erwachsenen Blatt hat sie eine ausgeprägtere Struktur. Das erschwert das Kondensieren und erhöht die Fläche für die Sauerstoffaufnahme.«

Das soll mal eine Sonnenblume werden? Die typische Blüte an der Spitze der Pflanze ist bisher nicht ausgebildet. Wie hoch soll sie denn noch wachsen?

»Du hast also eine Art Riesenbaby gezüchtet.«

»Ja, im Grunde ein ähnliches Problem wie heute Morgen. Nur in einem späteren Entwicklungsstadium. Aber lösbar. Und nun kommt.«

Marchenko hat einen Tisch und drei Stühle so aufgebaut, dass sie direkt über den See blicken, hinter dem gerade die Sonne untergeht. Dazu hat er eine Tischdecke aufgelegt und eine Kerze angezündet. Es ist windstill, sodass ihre Flamme völlig gerade aufsteigt. Adam pustet dagegen, und ein paar Tropfen flüssiges Wachs spritzen auf die Decke.

»Adam, du Depp«, sagt Eva.

»Entschuldigung, ich wollte nur sehen, ob sie echt ist. Die Flamme …«

»Macht doch nichts«, sagt Marchenko.

Er kommt gerade mit zwei Tellern aus dem Container. Sie sind mit im Sonnenuntergang golden glänzender Folie bedeckt. Marchenko setzt sie vor ihnen ab und reicht ihnen mit dem dritten Arm das Besteck. Eva nimmt die Folie ab.

Darunter kommt der perfekte Burger zum Vorschein. Sogar der Duft stimmt: Röst- und Backaromen, Zwiebel, Tomate, Essig. Die Nanofabrikatoren haben wirklich ganze Arbeit geleistet.

»Vorsichtig hineinbeißen«, sagt Marchenko. »Es ist möglich, dass ich beim Aufwärmen übertrieben habe.«

»Guten Appetit«, sagt Eva und probiert den Burger.

Sie beißt hinein. Sowohl das Brötchen als auch das Fleisch sind saftig. Etwas dunkle Soße läuft hinaus. Sie lässt sie auf den Boden tropfen, kaut, schluckt und nimmt den nächsten Bissen.

»Sehr gut«, sagt Adam mit vollem Mund.

»Hmhm«, sagt Eva.

»Kannst du gern zum Frühstück noch einmal machen«, sagt Adam.

»Der Nahrungsbereiter hat leider zu tun«, sagt Marchenko. »Aber ich habe euch etwas Müsli vorbereitet.«

»Guck mal!«, ruft Eva.

Beinahe hätten sie den Sonnenuntergang verpasst. Er ist genauso spektakulär wie am Vortag. Sogar noch ein bisschen dramatischer, weil nun auch Wolken aufziehen, die eine farbenfrohe Kulisse bilden.

»Morgen werden wir den ganzen Tag unterwegs sein«, sagt Adam. »Hast du noch etwas Proviant für uns?«

»Bis auf das Müsli nichts Irdisches«, sagt Marchenko. »Von den Aaszahnfilets haben uns die Grosnopfe aber genug dagelassen. Wollt ihr nicht warten, bis sie zurück sind?«

»Nein«, antwortet Adam. »Ich muss mal hier raus.«

»Ich kann euch leider nicht begleiten.«

»Das ist völlig okay, Marchenko.«

Zwischen Evas Füßen kriechen ein paar Würmer von der Art, bei der keine Augen zu erkennen gewesen waren. Ob die intensiv riechende Soße sie angelockt hat, die ihr hier auf den Boden getropft ist? Ihre nackten Füße, die den Geruch des Bodens angenommen haben müssen, ignorieren die Tiere jedenfalls.

IRGENDWANN IN DER Nacht erwacht Eva. Was hat sie geweckt? Die Tropfen, die leise gegen die Plane pochen, können es nicht sein, und sie muss genau hinhören, um den Wind zu vernehmen, der es in dem dichten Dschungel nicht einfach hat. Doch dann merkt sie, dass ihr Rücken pitschnass ist. Eva setzt sich auf und tastet sich ab. Der Schlafsack tropft. Die dünne Matratze schwimmt auf einem Nässefilm. Sie zieht ihr Unterhemd aus und wringt es aus.

Mist. Eva zieht den Rucksack zu sich heran. Sein Boden ist zwar außen feucht, aber der Inhalt ist gut isoliert. Sie wechselt zuerst das Unterhemd. In trockener Oberkleidung fühlt sie sich schon besser. Dann nimmt sie eine trockene Trainingshose aus dem Rucksack, kriecht damit aus dem Zelt und zieht sie im Stehen an. Es regnet schon gar nicht mehr so stark. Wo ist der Container? In der Dunkelheit ist fast nichts zu sehen, nicht einmal die Sterne leuchten ihr. Eva kriecht noch einmal ins Zelt und nimmt die Taschenlampe aus dem Rucksack.

Mit ihrem Licht kann sie sich besser orientieren. Die Gewächse sehen zwar immer noch ganz anders aus als tagsüber, doch ein Trampelpfad führt von den beiden Zelten weg. An seinem Ende muss der Container sein, der ein festes Dach verspricht. Zuerst leuchtet sie Adams Zelt an. Es ist keine Bewegung erkennbar. Wahrscheinlich schläft er, und nur sie hatte Pech, dass ihr Zelt mitten in einem Rinnsal aufgebaut war.

Barfuß geht sie den Pfad entlang. Der Boden schmatzt unter ihren Füßen. Brauner Schlamm dringt zwischen den Ranken hindurch auf ihre Füße. Es ist egal. Das Wasser oben und der Schlamm unten sind warm. Sie friert nicht, und gegen den Dreck hilft sauberes Wasser.

Aus dem Container fällt ein orangefarbener Lichtschein. Seine Tür steht leicht offen. Eva hört Stimmen. Adam und Marchenko unterhalten sich. Sie zieht die Tür weiter auf.

Marchenko sitzt im Schneidersitz auf dem Boden, Adam auf einem Stuhl.

»Oh, da bist du ja«, sagt Marchenko.

»Ihr hättet mich ja ruhig wecken können, bevor ich im Dschungel absaufe«, sagt Eva.

»Ich habe nach deinem Zelt gesehen, als mich das Wasser erwischt hat«, sagt Adam. »Es sah trocken aus, und du hast geschlafen.«

»Na gut«, sagt Eva.

Es wäre unfair, ihm böse zu sein. Sie hat ihn ja auch nicht geweckt, bevor sie zum Container marschiert ist.

»Ich werde die Zelte morgen auf ein Gerüst …«

Ein lautes Krachen übertönt Marchenkos Stimme. Es hört sich an wie ein stürzender Baum. Eva will nach draußen rennen, aber Marchenko hält Adam und sie fest. Das Geräusch verstummt. Erst jetzt lässt er sie los. Eva ist als Erste an der Tür. Sie reißt sie auf und leuchtet mit der Taschenlampe nach draußen. Ein Schatten schwingt sich durch ihr Blickfeld, begleitet vom Rauschen eines Windstoßes in den Bäumen.

Aber es ist überhaupt nicht windig. Eva bekommt eine Gänsehaut. Adam stürmt an ihr vorbei. Er rennt um den Container herum, dorthin, wo Marchenko die Sonnenblume gepflanzt hat. Eva folgt ihm. Sein Verdacht war richtig. Die riesige Pflanze ist umgestürzt. Die Wurzel ist noch in der Erde. Der Stamm ist direkt darüber abgeknickt. Adam folgt dem Stamm, der eine Schneise in den Dschungel geschlagen hat. Die Schneise trifft erst auf den Trampelpfad, der zu den Zelten führt, und dann zu den Zelten selbst.

»Da hatten wir ja richtig Glück, dass es heute geregnet hat«, sagt Adam.

Eva kriecht in das Unterholz und dringt bis zu ihrem Zelt vor. Der Stamm der Sonnenblume hat das Zelt nicht beschädigt. Der Dschungel muss ihn aufgehalten haben, schließlich gehört er nicht dazu. Eva tut die Sonnenblume leid. Sie wischt sich Schweiß und Regenwasser aus dem Gesicht und zerrt den

Rucksack heraus. Braucht sie die Matratze auch? Sie tastet sie ab. Total vollgesogen. Darauf kann sie heute nicht mehr schlafen, also lässt sie sie liegen. Kurz nach ihr kommt auch Adam mit seinem Rucksack im Schlepptau aus dem Dschungel. Er hat ein paar Ranken im Gesicht, die sie ihm abzupft.

»Lass das!«, sagt er.

»Als ich aus dem Container kam, habe ich einen Schatten gesehen und ein Rauschen gehört«, flüstert Eva.

Adam fuchtelt mit seiner Taschenlampe herum, sodass die Schatten ganz hektisch durch die Nacht flitzen, und zeigt auf die Bäume, die sich unter der Last der Feuchtigkeit biegen. *Ja, schon klar, da rauscht natürlich dauernd etwas.* Aber sie weiß, was sie gehört und gesehen hat. Am liebsten würde sie ihm den Rucksack in die Hand drücken und die Riesensonnenblume noch einmal genauer untersuchen. Eva zögert. Soll sie? Sie leuchtet mit der Taschenlampe in die Dunkelheit. Nein, das hat jetzt keinen Sinn.

»Warte doch mal!«, ruft sie und läuft Adam hinterher.

Hellnacht 14, 3970

»Frühstück!«, ruft Marchenko.

An diesen Service könnte sie sich gewöhnen. Auf der Majestätischen Dracht hat sich Marchenko nicht so gut um sie gekümmert. Bestimmt hat er ein schlechtes Gewissen, weil er sich lieber mit seinen Experimenten befasst, statt mit ihnen den Planeten zu erforschen.

Eva setzt sich auf. Sie ist total verschwitzt. Die Luft im Container ist schrecklich. Sie stellt sich die Sonne vor, die mit aller Kraft auf das Metall brennt, um die Bewohner gut durchzubraten. Adam liegt auf der Seite und schnarcht. Gut, dann müssen sie wenigstens nicht streiten, wer als Erster unter die Dusche darf.

Möglichst leise läuft Eva zum Ausgang. Dort findet sie ihren Rucksack. Sie wühlt darin, findet aber keine frische Unterwäsche mehr.

»Die Wäsche hängt auf der Leine!«, ruft Marchenko.

»Psst!«, flüstert sie. »Lass Adam noch schlafen.«

Sie schlüpft aus der Tür, ohne sie zu berühren. Dann läuft sie um den Container herum zur Dusche, streift ihre verschwitzten Sachen ab und dreht das kalte Wasser auf. Es ist nicht wirklich kalt, bestimmt 25 Grad, aber genau das braucht sie jetzt. Sie wäscht sich die Haare. Hinter der Duschwand hängt ein Handtuch, mit dem sie sich abtrocknet.

Nackt läuft sie wieder nach vorn. Sie sind ja nur zu zweit hier. Als Marchenko sie sieht, zeigt er in Richtung Strand. Dort ist zwischen zwei Pflöcken eine Leine gespannt, auf der Wäsche hängt. Sie läuft hin und freut sich dabei an dem warmen Sand zwischen den Zehen.

Marchenko hat alles fein säuberlich aufgehängt. So systematisch kann sie das gar nicht. Sie nimmt ein Unterhemd ab, das wie gebügelt aussieht, und zieht es an. Gerade will sie nach einer Unterhose greifen, da legt sich eine feuchte Hand von hinten auf ihre Schulter.

»Adam, lass das!«, ruft sie und dreht sich um.

Als sie Ragnor erkennt, macht sie einen Schritt nach hinten, stolpert über einen Stein und wäre lang hingeklatscht, hätte Ragnor sie nicht festgehalten.

»Danke, Ragnor. Dass du mich aber auch immer so erschrecken musst!«

»Entschuldigung. Ich dachte, du frreust dich, weil ich kommen.«

Er rollt das R immer noch so seltsam, scheint aber mit der Grammatik schon besser zurechtzukommen.

»Ja, natürlich freue ich mich.«

Sie angelt noch einmal nach der Unterhose und zieht sie möglichst unauffällig an.

»Diesmal du auch nicht nackt. Du Kleidung angezogen.«

Nun ja. Strenggenommen hat er recht. Es ist nicht der Zeitpunkt, ihm die Feinheiten menschlicher Scham zu erklären.

»Du kannst dich schon besser in unserer Sprache ausdrücken«, sagt Eva.

»Ja, Murnaka hat mit mir geübt. Große Ehre für Ragnor.«

»Ich wusste gar nicht, dass ihr schon zurück seid.«

»Sind angekommen kurz nach Sonnenaufgang. Jetzt schon spät.«

»Ich weiß. Lass uns zum Lager zurückgehen. Marchenko hat Frühstück vorbereitet.«

Ragnor sieht ihnen beim Essen zu. Eva kommt sich vor wie im Zoo, aber sie nimmt es ihm nicht übel. Er hat noch nicht oft gesehen, wie sie menschliche Nahrung zu sich nehmen, und für ein Wesen mit einer Magenfalte ist die Verpflegung über ein Organ mit Schneidewerkzeugen sicher etwas sehr Exotisches.

»Wo sind denn die anderen?«, fragt Adam.

»Haben zu tun. Auswertung.«

Anscheinend können sie Ragnor gerade nicht brauchen. Der junge Grosnopfmann langweilt sich offensichtlich. Er tut ihr ein bisschen leid. Im Vergleich zu Numbark und Murnaka ist er sicher nicht qualifiziert genug, um mitreden zu können.

»Sag mal, willst du uns vielleicht auf unserem Ausflug begleiten?«, fragt Eva.

Adam tritt ihr unter dem Tisch gegen das Schienbein. Warum stellt er sich denn so an? Ragnor ist stark und schnell. Vielleicht fürchtet Adam, dass er dann selbst nicht mehr im Mittelpunkt steht. Es ist nicht mehr Adams Abenteuer, sondern ein Gruppenausflug.

»Das ist eine hervorragende Idee«, sagt Marchenko. »Dann müsste ich mir nicht mehr so viele Sorgen um euch machen.«

»Ach was, Sorgen. Der Planet ist doch sicher«, sagt Adam. »Oder habt ihr irgendetwas Gefährliches gefunden, Ragnor?«

»Nichts gefunden, nein«, sagt Ragnor.

»Siehst du, Marchenko«, sagt Adam.

»Ich würde euch gern sehr begleiten«, sagt Ragnor.

»Sehr gern«, korrigiert ihn Adam.

»Das ist schön«, sagt Ragnor. »Dann ist es abgemacht.«

Adam will widersprechen, aber Evas kräftiger Tritt unter dem Tisch hält ihn davon ab. Ragnor freut sich ganz offensichtlich. Marchenko ist auch ruhiger und wird sie nicht alle halbe Stunde anfunken.

»Seid ihr fertig mit dem Frühstück?«, fragt Marchenko.

Eva nimmt die Müslischale in die Hand und steht auf.

»Lass nur«, sagt Marchenko. »Ich spüle sie nachher ab. Ich wollte euch noch etwas zeigen.«

»Was denn?«, fragt Adam und erhebt sich ebenfalls.

»Die Sonnenblume, die gestern umgestürzt ist. Ich habe sie geborgen.«

Mist. Eva wollte sich das doch selbst noch genauer ansehen. Hoffentlich hat Marchenko die Spuren nicht verwischt. Er weiß ja nicht, wonach sie sucht.

»Das ist ja interessant«, sagt Eva. »Wo hast du sie? Und wann hast du das alles geschafft?«

»Du weißt doch, ich brauche nicht zu schlafen. Ich habe vor Sonnenaufgang begonnen. Jetzt liegen die Reste da hinten.«

Eva läuft an ihren zum Trocknen aufgehängten Zelten vorbei. Sie wirken wie Trophäen, abgezogene Häute exotischer Tiere mit dreieckigem Körper, und schaukeln leicht im Wind, von dem sie vorn beim Frühstück noch nichts bemerkt hat. Hinter dem Container hat sich ein neues Gestrüpp ausgebreitet. Marchenko musste sein Geschöpf anscheinend in mehrere Abschnitte teilen, die er nebeneinander aufgereiht hat.

»Hier ist der Bruch«, sagt Marchenko und zieht sie zu einem Stück des Stammes, das besonders breit ist.

Eva befühlt die Rinde. Sie ist glatt, nicht rau, wie sie das von einer Sonnenblume erwarten würde. An der Bruchstelle sieht der Stamm wie geschmolzen aus. Es ist kein glatter Bruch. Vielmehr hat sich das Material an einer Seite stark überdehnt, während es an der gegenüberliegenden Seite gestaucht ist. Dort hat sich eine Wulst gebildet, aus der ein dünnflüssiger Saft austritt. Eva nimmt einen Tropfen auf den Finger und leckt daran.

»Das ist fast reines Wasser«, erklärt Marchenko. »Ich vermute, dass es sich um Zellwasser handelt, das unter Druck ausgetreten ist. Dabei hat es die Struktur der Zelle beschädigt, sodass der Stängel an Festigkeit verloren hat. Ein Windstoß könnte ausgereicht haben, um eine Kettenreaktion in Gang zu setzen.«

»Oder ein Vogel, der sich auf den Baum gesetzt hat«, sagt Eva.

»Ein Vogel? Wir haben hier noch keine gesehen«, sagt Marchenko. »Er müsste auch ziemlich groß gewesen sein.«

»Das müsste er«, sagt Eva.

Adam kneift sie so in den Arm, dass Marchenko es nicht sehen kann.

»Ich meine nur«, sagt Eva, »dass es doch gestern Abend überhaupt nicht windig war.«

»Das stimmt. Es muss eine einzelne Bö gewesen sein.«

Eva geht die Reihe ab. Eine Bö also. Sie weiß, was sie gesehen hat. Schließlich erreicht sie die Spitze der Pflanze. Hier wird der Stamm noch einmal deutlich dicker. Bald wäre hier die Blüte aufgegangen. Aber diese Sonnenblume wird nie blühen. Selbst wenn sie im Boden steckte, hätte sie keine Chance, denn der Blütenansatz ist zerstört.

»Wie sieht das denn aus?«, fragt sie.

»Muss beim Umfallen passiert sein«, sagt Marchenko. »Der Blütenansatz ist ja durch alle möglichen Hindernisse durchgerauscht, bis der Dschungel die Pflanze aufgefangen hat.«

Beim Umfallen passiert, soso. Der Blütenansatz scheint etwas anderes hinter sich zu haben als die Begegnung mit den spitzen Ästen anderer Bäume. Eva erinnert sich an die Krallen des Vogels. Der Kolben an der Spitze der Pflanze weist an allen Seiten Risse auf, die von solchen Krallen stammen könnten. Und in die Mitte hat jemand ein Loch gepickt, in einem vergeblichen Versuch, dort etwas Essbares herauszuholen. Eva hat den Vogel in Verdacht, der auch die Eridanus-Seegurke geholt hat. Er wird in der Sonnenblume wohl etwas Fressbares vermutet haben. Dann muss es auf diesem Planeten Gewächse geben, die ähnliche Kolben in den Himmel strecken.

»Und, was meint ihr?«, fragt Marchenko.

»Schade um die Sonnenblume. Sie konnte nie blühen«, sagt Eva.

Sie darf Marchenko nichts von dem Vogel erzählen, sonst lässt er sie nie wieder allein.

»Wenn ihr heute Abend zurückkommt, werdet ihr eine blühende Sonnenblume sehen.«

»Wir kommen frühestens in einer Woche zurück«, sagt Adam. »Das hatten wir doch so ausgemacht.«

»Na gut. Dann packe ich euch einfach ein paar Samen ein«, sagt Marchenko. »Wann immer ihr Lust habt, eine Sonnenblume zu sehen, steckt ihr sie einfach in die Erde. Am besten abends. Am nächsten Morgen dürfte sie dann schon ausgewachsen sein.«

»Ich glaube nicht, dass wir auf dieser Reise Zeit und Lust zum Gärtnern haben«, sagt Adam.

»Ist schon okay«, sagt Eva. »Wir nehmen die Samen sehr gern mit. Und wir nehmen jeden Abend mit dir Kontakt auf.«

»Wenn es geht«, sagt Adam. »Durch den nahen Horizont könnte die Funkreichweite begrenzt sein.«

Marchenko überreicht ihnen die Samen. Eva zählt sie auf ihrer Handfläche durch. Es sind sieben, ihre Lieblingszahl. Adam steckt sie achtlos in seine Hosentasche.

Die Sonne brennt auf Evas Rücken. Gut, dass sie ein lichtdichtes, langärmeliges Oberteil trägt. Sie marschieren schon seit drei Stunden am See entlang. Unter ihren nackten Füßen knirscht der schwarze Sand. Er ist heiß, aber wo ihn die ans Ufer rollenden Wellen feucht halten, ist es erträglich. Sie sucht immer wieder nach Muscheln oder anderen Überresten, doch so etwas scheint es hier nicht zu geben. Nur abgerissene, blaugrüne Ranken treibt das Wasser ab und zu an Land. Sie sammeln sich vor allem auf Sandbänken, die ins Meer reichen.

»Warte mal«, ruft Adam.

Eva bleibt stehen.

»Hier!«

Er zeigt auf eine Stelle am Boden. Eva dreht um und läuft zu ihm. Als sie erkennt, was Adam gefunden hat, dreht sie sich weg. Natürlich weiß sie, dass es sich um ein Teil eines dieser vierbeinigen Fisches handelt. Aber was da auf dem Boden liegt, sieht ganz so aus wie ein Kinderfuß.

»Ist essbar«, sagt Ragnor.

Das ist so absurd, dass es schon wieder lustig ist. Menschen und Grosnopfe sind so verschieden, dass sie ihm seine Bemerkung nicht übelnehmen kann.

»Wir haben genügend Proviant«, sagt Adam und zeigt auf ihre Rucksäcke.

Eva kniet sich hin und schaufelt mit den Händen Sand über das Fundstück. Es kann so nicht liegenbleiben.

»Was hältst du davon?«, fragt Adam.

»Fressen und gefressen werden, das gilt auf diesem Planeten genau wie anderswo«, antwortet sie.

»Muss ein recht großer Fressfeind gewesen sein«, sagt Adam.

Das stimmt. Das Bein war bestimmt einen halben Meter lang. Der zugehörige Fisch dürfte dann zwei Meter groß sein. Also war auch der Angreifer mindestens so groß.

»Ja, über zwei Meter«, sagt Eva.

»Aber warum haben wir dann noch nichts entdeckt?«, fragt Adam.

Sie hat etwas gesehen, mehrfach. Aber ihr glaubt ja niemand.

»Es könnte nachtaktiv sein und ziemlich schnell«, sagt sie.

»Vielleicht.« Adam bohrt mit nachdenklichem Gesichtsausdruck und Stirnfalte in seinem Ohr.

»Soll ich helfen?«, fragt Ragnor und zeigt mit dem spitzen, kleinen Finger seiner Tasthand auf Adams Ohr.

»Was? Wie?«

»Ist lästig, Wurm in Körperöffnung«, sagt Ragnor. »Kleiner Tastfinger ist perfekt.«

»Nein, danke«, sagt Adam. »Es ist kein Wurm, nur etwas Ohrenschmalz.«

»Ohrenschmalz? Kenne nicht das Wort.«

»Schmalz ist eine Art Fett«, erklärt Adam.

»Ah, Fett ich kenne.«

»Genug davon«, sagt Eva. »Wir sollten weitergehen.«

Sie marschieren eine Weile schweigend hintereinander. Der See scheint sich langsam zurückzuziehen. Wenn sie die grundlegende Richtung beibehalten wollen, werden sie das Ufer verlassen müssen. Der Nachteil ist, dass sie im Dschungel nicht mehr so schnell vorankommen werden.

Warum ist der Sand so sauber? Das Ökosystem des Planeten ist Eva immer noch ein Rätsel.

»Hast du eine Idee, warum es hier keine Muscheln und so etwas gibt? Also Lebewesen, die sich mit einer Kalkschale schützen?«, fragt sie.

»Das ist doch klar. Das Wasser des Sees ist zu sauer. Kalk würde sich darin auflösen.«

Natürlich, das ist eine Erklärung. Als der Planet seine Wasservorräte erhielt, muss es auf seiner Kruste wenig Salz gegeben haben. Dann sind die Meere hier vielleicht auch nicht salzig. Der Plan ist, nach Norden zu marschieren. Wenn sie den See hinter sich gelassen haben, weicht der Dschungel auf den Aufnahmen aus dem Orbit langsam zurück und macht einer waldreichen Steppe Platz, die sich bis zu einem der beiden Ozeane erstreckt. Adam hofft, das Meer zu erreichen. Besonders realistisch ist das nicht, jedenfalls wenn sie, wie versprochen, in einer Woche zurück sein wollen.

Eva sieht auf den Kompass auf ihrem Multifunktionsinstrument. Er zeigt nach Süden. Sie bleibt sofort stehen.

»Ich glaube, wir haben ein Problem«, sagt sie.

»Welches?«, fragt Adam.

»Der Kompass! Wir laufen in die falsche Richtung.«

»Ah, nein, kein Problem. Der Kompass tut nur so, als

würde er nach Norden weisen. Tatsächlich zeigt er auf den magnetischen Südpol. Auf der Erde liegt der am geografischen Nordpol. Hier nicht.«

»Also müssen wir laut Kompass nach Süden gehen, wenn wir nach Norden wollen? Und wo sind dann Osten und Westen?«

»Richtig. Osten und Westen bleiben. Wenn du nach Norden guckst, also laut Kompass nach Süden, ist Westen links und Osten rechts.«

Eva hält den Kompass vor sich. Links ist der See, über dem die Sonne untergeht. So weit scheint Adams Theorie zu stimmen.

»Und woher weißt du das?«, fragt sie.

»Das hat mir Marchenko vor dem Abmarsch erklärt.«

»Er hat doch all das selbst hergestellt. Warum hat er das Ablesen des Kompasses dann mit diesen irdischen Sonderbedingungen erschwert?«

»Das musst du ihn schon selbst fragen. Die Erde ist wohl ein ganz besonderer Ort für ihn.«

Eine halbe Stunde später lassen sie den See endgültig hinter sich. Statt sich durch den Dschungel zu kämpfen, bewegen sie sich am Lauf eines Flüsschens entlang, der hier in den See mündet. Dazu müssen sie zwar ab und zu auch ins flache Wasser, aber bei den knapp 40 Grad ist das sehr angenehm.

Nach einer Weile sieht Eva über ihre Schulter zurück nach hinten. Der See ist nicht mehr zu sehen. Das Flüsschen schlängelt sich durch einen lichten Wald, der aus den verschiedensten Gewächsen besteht. Da bemerkt sie etwas auf ihrer Schulter. Es sieht aus wie ein Käfer.

»Adam, schau doch mal, was ich hier habe«, sagt sie leise, um das Tier nicht zu erschrecken.

Es wäre das erste Insekt, das sie auf diesem Planeten entdecken. Die Erde wäre ohne Insekten unbewohnbar, aber hier scheint die Evolution einen anderen Weg gegangen zu sein. Adam kommt näher. Er betrachtet erst ihre Schulter, dann nimmt er das, was darauf liegt, herunter und zeigt es ihr.

»Ist nur ein Blatt«, sagt er. »Siehst du?«

Adam hat recht. Es ist ein dunkelgrünes Blatt, etwas kleiner als seine Hand. Die Unterseite hat braune Flecken und eine Erhebung in der Mitte, die in einem Stiel endet. Ein stechender Duft geht von ihm aus. Eva riecht daran. Der Geruch erinnert an Senf. Adam lässt das Blatt fallen. Es trudelt nicht, sondern segelt auf eine kniehohe Pflanze zu, landet auf ihrer Blüte und wickelt sich darum.

»Ein Blatt also«, sagt Eva und lächelt.

»Hm«, sagt Adam.

»Blatt frisst Blüte«, sagt Ragnor. »Seht ihr?«

Er hebt das Blatt mit den Tastfingern an. Es wehrt sich, indem es sich wie ein Schirm öffnet und schließt. Die Blüte, die es umwickelt hatte, ist nicht mehr rot, sondern blassrosa und riecht nun ebenfalls stark nach Senf. Ragnor legt das Blatt zurück auf die Blüte.

»Hat sich Mahlzeit verdient«, sagt er. »So wie wir auch.«

Sie rasten am Flussufer. Eva setzt sich direkt neben die Pflanze, und während sie an einem Stück Aaszahnfilet kaut, beobachtet sie, wie das Blatt sich ernährt. Ab und zu zieht es sich ruckartig zusammen. Danach sitzt es jedes Mal etwas enger um die Blüte. Vermutlich verdaut es sie allmählich. Ob der Senfgeruch von ihren Verdauungssäften ausgeht? Nach ein paar Minuten läuft am Stiel der Pflanze unterhalb des Blattes ein dünner, durchsichtiger Saft herunter. Es ist überraschend viel.

Evas Blick folgt dem Rinnsal. Je weiter es nach unten gelangt, desto stärker verändert sich sein Geruch. Erst erinnert es an Salbei, dann an Eukalyptus. Kurz bevor die Feuchtigkeit den Boden erreicht, öffnet sich darin ein kleines Loch, und das Ende eines Wurmes schiebt sich heraus. Oder der

Anfang, das ist nicht zu unterscheiden. Er bewegt sich auf das Rinnsal zu. Augen sind nicht zu erkennen. Bestimmt orientiert er sich am Geruch.

Er erreicht den Stiel der Pflanze genau in dem Moment, in dem der Saft auf den Boden geflossen wäre. Jetzt öffnet sich das Ende des Wurms und verformt sich zu einem Ring, der sich um den Stiel legt. Es entsteht ein Trichter, in den der Saft hineinläuft. Der Wurm zittert, was sich auf die Pflanze überträgt. Das könnte der Kommunikation mit dem Blatt oben auf der Blüte dienen. Oder beschleunigt es bloß das Herabrinnen des Saftes? Kurz darauf schließt der Wurm den Trichter wieder, löst sich vom Stiel und kriecht komplett zurück in den Boden, aus dem er nie in ganzer Länge herausgekommen ist.

Das Blatt gibt die Blüte ebenfalls frei. Eva legt den Kopf auf den Boden, um einen Blick darunter zu erhaschen. Sie bemerkt Ragnors Verwunderung, die er durch das Verschränken der Tasthände über dem Kopf äußert. Es hat sich gelohnt. Sie sieht, wozu die Verdickung in der Mitte wirklich dient. Sie hat sich geöffnet und scheint von einem fleischigen Inneren gefüllt zu sein. Die Nahtstellen bewegen sich leicht gegeneinander wie Schneiden, und wahrscheinlich sind sie das auch. Das Prinzip kennt sie doch schon von dem vierbeinigen Fisch!

»Willst du den Rest?«, fragt Eva.

Sie kann beim besten Willen nicht mehr Aaszahnfilet herunterwürgen.

»Sehr gern«, sagt Ragnor.

Sie gibt ihm das letzte Stück, und er befördert es in seine Magenfalte. Im selben Moment sieht Eva im Augenwinkel, wie sich das Blatt von der Blüte fallen lässt. Es flattert ein bisschen, kann aber keine Höhe gewinnen. Langsam sinkt es zu Boden. Bestimmt ist es kein Zufall, dass es ausgerechnet auf der Wurzel eines Baums landet.

Je weiter sie vorankommen, desto mehr lichtet sich der Dschungel. Die Pflanzen werden höher. Sie wachsen schon fast wie Bäume in die Höhe. Allerdings bilden sie keine harten Stämme wie Kiefern oder Eichen. Stattdessen klammern sich mehrere Halme aneinander. Die Blätter in Bodennähe wachsen so, dass sie sich um benachbarte Pflanzen legen, die ihrerseits ihre Fühler ausstrecken. Diese meist acht bis zehn je fünf Zentimeter dicke Einzelhalme umfassenden Pakete sind vermutlich nicht weniger stabil als ein Baumstamm, bleiben aber elastischer. Was sagt das wohl über das Wetter hier aus? Der Planet ist wärmer als die Erde, das bedeutet mehr Energie in der Atmosphäre, also auch stärkere Stürme.

Allmählich wird es auf dem Boden dunkler, weil die Pflanzen das Sonnenlicht schon in ihren Kronen abfangen, und das Unterholz verschwindet. Der Weg führt leicht bergauf. Eva ist nicht überrascht. Wenn es im Norden einen Ozean gibt, dieser Fluss aber nach Süden fließt, muss es auf dem Weg zum Meer eine Wasserscheide geben, eine Bergkette etwa, die sie überqueren müssen. Auf den Aufnahmen aus dem Orbit hatten sie maximal Höhenunterschiede von 2000 Metern ausgemacht. Das ist ein hohes Mittelgebirge, aber auch das will erst einmal überquert werden. Die Chancen, den Ozean zu erreichen, erscheinen ihr doch eher gering.

Nach einer weiteren Flussbiegung fällt Eva ein Baum auf, wie sie hier noch keinen entdeckt haben. Er besitzt einen richtigen Stamm, von dem reihum mit Nadeln besetzte Äste ausgehen. Als Eva einen Ast zur Seite biegen will, bemerkt sie, wie spitz diese Nadeln sind. Sie stechen so sehr in ihre Hand, dass aus zwei kleinen Wunden Blut tropft. Eva erschrickt erst darüber, als im Boden neben den Blutresten schnell Löcher entstehen, aus denen die ihr schon bekannten Saugwürmer kriechen. Sie ziehen sich zurück, weil sie wohl merken, dass außer den paar Tropfen nichts zu holen ist.

Eva presst ihre Lippen auf die beiden Stiche und bleibt stehen. Dieser Baum ist wirklich ein Unikat. Er erinnert an die Karikatur einer Tanne. Karikatur deshalb, weil er den exakten Querschnitt eines gleichseitigen Dreiecks hat, egal, aus welcher Richtung man ihn betrachtet. Und weil auf seinen Ästen in ebenso exakten Abständen Kerzen angebracht sind.

Es handelt sich natürlich nicht um echte Kerzen. Vermutlich sind es Früchte, die hiesige Version des Tannenzapfens. Von unten kommt wegen der stacheligen Nadeln nichts an diese Früchte heran. Aber von oben. Eva ruft sich die kolbenförmige Spitze der Sonnenblume ins Gedächtnis. Sie sah fast genauso aus wie diese Zapfen. Vorsichtig geht sie um den Baum herum. Da, auf der linken Seite. Dieser Zapfen ist in sich zusammengesunken. Er ist an den Rändern eingerissen, und in der Mitte, die nach außen zeigt, erkennt Eva ein fingerdickes Loch. Wer immer sich hier bedient hat, kann nur von oben gekommen sein.

Aber der Schatten, den sie gesehen hat, kommt dafür nicht in Frage. Bei seiner Größe wäre er viel zu schwer gewesen, um auf dem Ast zu landen.

»Hübscher Baum«, sagt Adam, der ihre kleine Untersuchung bemerkt haben muss.

»Halt dich bloß fern von ihm«, sagt Eva. »Er sticht.«

»Aye, aye, Madame«, sagt Adam.

Ragnor nimmt ihre Hand in beide Tasthände.

»Oh, du bist verletzt«, sagt er. »Hat Baum angegriffen? Soll ich ihn zerstören?«

»Nein, lass ihn, Ragnor. Bring dich nicht in Gefahr.«

»Keine Sorge. Meine Haut fester als deine.«

»Nein, wirklich. Ich war selbst schuld. Man sollte eben nicht alles mit nackten Händen anfassen.«

Sie sieht auf ihre nackten Füße. Bisher gab es keinen Grund, Schuhe zu tragen. Aber wenn es noch mehr solcher Bäume gibt, müssen ihre Nadeln auch mal zu Boden fallen. Eine Verletzung in der Sohle wünscht sie sich überhaupt nicht.

»Wartet mal«, sagt sie. »Ich glaube, es ist an der Zeit, die Wanderschuhe anzuziehen.«

»Ach, das lohnt doch nicht mehr«, sagt Adam. »In zwei Stunden müssen wir sowieso unsere Zelte aufschlagen.«

»Mir ist egal, was du tust«, sagt Eva. »Ich ziehe jetzt meine Schuhe an.«

Sie nimmt den Rucksack ab und wühlt darin. Natürlich liegen die Schuhe ganz unten.

»Ich habe keine Schuhe. Ist das Problem?«, fragt Ragnor.

»Nein, das ist kein Problem. Deine Haut ist ja dicker.«

Dem ersten dieser seltsamen Nadelbäume folgen weitere. Es gibt mindestens vier Arten. Eine hat eher die Form einer Klobürste. Ihre Äste beginnen erst ein paar Meter über dem Boden und sind alle etwa gleich lang. Eine andere teilt sich in Kopfhöhe in drei oder vier Stämme auf. Bei ihrem Anblick fühlt sich Eva an einen Leuchter erinnert. Diese Art braucht viel Platz und wächst einzeln auf Lichtungen im Wald. Vielleicht schafft sie sich den Platz auch.

Die vierte Art entdeckt Adam, indem er auf sie tritt. Er schreit auf, als es passiert. Adam geht ein paar Schritte vor ihr. Plötzlich schnellen neben ihm mehrere, bestimmt zwei Meter lange Äste voller Nadeln vom Boden nach oben und schmiegen sich an einen Baumstamm. Nur wo Adam steht, passiert nichts. Das muss daran liegen, dass er auf einem der Äste steht.

»Nicht bewegen!«, ruft Eva.

Sie nimmt ihren Rucksack ab, um ihn hinter ihrem Bruder auf den Ast zu stellen.

»Einen Scheiß werd ich!«, ruft Adam.

Er macht einen großen Schritt nach hinten. Kaum steht er wieder, schnellt auch der letzte Ast nach oben.

»Aua!«, ruft er.

»Ich habe dich gewarnt«, sagt Eva.

»Die Scheißnadeln haben meinen Ellbogen erwischt.«

Er hält ihr den Arm hin. Es sind nur ein paar Kratzer. Sie holt trotzdem das Medipack aus der Außentasche des Rucksacks. Auf fremden Planeten sollte man Verletzungen ernstnehmen. Selbst wenn Marchenko keine gefährliche Mikroflora gefunden hat, muss sie die Wunde doch desinfizieren, so, wie es Marchenko gestern mit ihrer Fingerkuppe getan hat.

»Was ist eigentlich mit deinen Füßen?«, fragt sie.

Zwischen Adams Beinen hat sich eine kleine Blutlache gebildet. Sie sieht nicht so aus, als käme das Blut vom Ellbogen.

»Mit meinen Füßen? Nichts.«

»Das sieht aber nicht so aus. Sieh mal nach unten.«

Adam senkt den Kopf und wird blass.

»Scheiße. Das auch noch! Aber es tut überhaupt nicht weh!«

»Setz dich mal. Anscheinend enthalten die Nadeln ein natürliches Schmerzmittel. Oder du stehst unter Schock.«

Adam setzt sich auf seinen Rucksack und Eva untersucht seine Füße. Sie sind voller Schlamm und Blut. Die Mischung sieht furchtbar aus.

»Die müssen wir erst abwaschen«, sagt sie. »Ragnor, kannst du uns Wasser holen?«

Der Grosnopf kommt binnen Sekunden mit einer großen Kanne Wasser. Eva gießt die Hälfte davon über Adams Füße und spült noch einmal nach.

»Schon viel besser«, sagt sie.

Adam hat nur ein paar Kratzer. Im rechten Ballen steckt noch eine Nadel. Eva zieht sie einfach heraus, ohne ihn zu warnen.

»Aua«, sagt Adam.

»Oh, ich wusste nicht, dass das Schmerzmittel nicht mehr wirkt«, sagt Eva.

»Ach, gib doch zu, dass du mich gern quälst.«

»Natürlich. Du warst schon immer mein Lieblingssklave.«

»Dein einziger noch dazu.«

»Ich muss die Kratzer jetzt desinfizieren. Das könnte etwas brennen.«

»Mach.«

Eva wischt mit dem Tupfer über die Wunden. Sie sind wirklich nicht groß, scheinen aber tief zu sein. Es tropft immer noch Blut heraus. Gut, dann dringen wenigstens keine Fremdstoffe ein.

»Wir werden unsere Reise abbrechen müssen«, sagt Eva.

»Auf keinen Fall«, sagt Adam.

»Ich Adam kann tragen«, sagt Ragnor.

»Auf keinen Fall«, sagt Adam.

»Kannst du noch etwas anderes sagen?«, fragt Eva.

»Ich frage mich, was das für ein seltsamer Baum ist«, sagt Adam.

Ablenkung. Perfekt. Hilft am besten gegen Schmerzen.

»Eine Falle, würde ich sagen. Du warst nur etwas zu schwer, sonst hätten dich die Nadeln an den Stamm genagelt und der Baum hätte dich verdaut.«

»Wie meinst du das?«

»Hast du es gesehen? An den Ästen befanden sich auch einige Früchte. Sie dienen bestimmt zum Anlocken der Beute.«

»Aber was soll das für eine Beute sein?«, fragt Adam. »Wir haben noch kein Tier gesehen, das in Frage kommt.«

»Der vierbeinige Fisch kommt in Frage. Ich glaube, dass er das Wasser verlassen kann.«

»Ist doch viel zu weit hierher. Irgendwas versteckt sich da im Wald vor uns. Wir werden es schon noch finden.«

»Hast du keine Angst, Adam?«

»Es ist halb so groß wie ich, und ich besitze eine Waffe. Wovor sollte ich mich fürchten?«

Wovor schon? Vor riesigen Zähnen, armlangen Stacheln, exotischem Gift? Aber Eva sagt nichts. Adam soll sich erst einmal etwas erholen. Dann wird er sicher vernünftig und sie kehren um.

Adam nimmt keine Vernunft an. Er quält sich eine Stunde auf seinen verbundenen Füßen weiter bergan, dann schlagen sie das Lager auf. Eva kontrolliert seine Wunden, während

Ragnor sich um das Zelt kümmert. Die Verbände haben natürlich nicht gehalten. Blut ist durchgesickert und hat sie rot gefärbt. Adam muss eine Spur hinterlassen haben wie ein waidwundes Reh. Hoffentlich gibt es hier keine Raubtiere, die seine Fährte aufgenommen haben könnten. Ein paar Würmer stecken allerdings schon ihre schlanken Leiber aus dem Boden. Der Geruch von Adams Blut dürfte sie angelockt haben.

Eva reinigt die Wunden noch einmal und verbindet sie neu. Gut, dass Marchenko ihnen die Grundlagen der Notfallmedizin beigebracht hat, schon damals, bevor sie erstmals aus der Messenger ausgestiegen sind.

»Es wäre vernünftig, zum Lager zurück zu marschieren«, sagt Eva.

»Ich will aber nicht.«

»Vorschlag. Wir warten die Nacht ab. Wenn du morgen immer noch blutest, geht es zurück. Anderenfalls prüfst du, ob du laufen kannst.«

»Einverstanden, Eva. Bist ein Schatz«, sagt Adam.

»Du bist ein Schatz«, korrigiert ihn Ragnor.

»Völlig richtig«, sagt Eva, und sie lässt absichtlich offen, was sie damit meint.

»Das Zelt ist fertig«, sagt Ragnor.

Hellnacht 15, 3970

Die Nacht ist anstrengend. Zum ersten Mal bedauert Eva, dass sie Ragnor mitgenommen haben. Der Grosnopf braucht fast doppelt so viel Platz wie ein Mensch. Also schlafen sie dicht an dicht wie Sardinen in der Dose. Adam hat freiwillig den Platz in der Mitte übernommen. Dafür ist sie ihm sehr dankbar. Er schläft aber auch wie ein Stein, und die meiste Zeit röchelt er ihr dabei direkt ins Ohr. Würde Ragnor zwischen ihnen liegen, könnte sie vielleicht wirklich einschlafen, auch wenn der Grosnopf manchmal pfeifende Geräusche von sich gibt, die wohl aus seiner Magentasche kommen. Darauf deuten jedenfalls die begleitenden Gerüche hin.

Wenn zufällig einmal beide Männer still sind, dringen die Geräusche des Dschungels zu Eva durch. Sie hört ein leichtes Rauschen des Windes, aber auch ein Schaben, das von der Zeltplane zu kommen scheint. Wenn sie einmal kurz gegen den Stoff schnippt, hört dieses Geräusch für ein paar Minuten auf. Bei der nächsten Pause, die ihr Adam und Ragnor gönnen, ist es aber wieder da. Vermutlich kommt es von irgendwelchen Würmern, die ihnen gefolgt sind. Gerüche scheinen auf diesem Planeten eine wichtige, wenn nicht die wichtigste Rolle zu spielen, neben dem optischen Sinn.

Seltsam ist, dass sich alle Augen, die sie bisher an Tieren gefunden haben, nach oben richten. Tiere, die sich länger aus dem schützenden Untergrund hervorwagen, müssen sich wohl vor allem gegen Feinde von oben absichern. Also aus der Luft? Das ist noch nicht ganz klar, da sie bisher nachweislich nur Wesen gefunden haben, die sich sehr nah am Boden aufhalten. Von dort aus gesehen kommt ja alles von oben.

Eva wälzt sich herum. Beim ersten Mal hat sie noch versucht, sich dabei leise zu verhalten. Aber weder Adam noch Ragnor werden wach. Die beiden müssen von dem langen Weg geschafft sein. Warum findet sie dann keinen Schlaf? Dann drückt auch noch ihre Blase. So gut es geht, schiebt sie sich zum Ausgang. Zum Glück liegen sie wenigstens alle mit dem Kopf in dessen Richtung. Sie öffnet den Reißverschluss, nimmt die Taschenlampe mit, die sie vorsorglich hier platziert hat, und kriecht auf den Knien nach draußen.

Heute ist es heller als in der vergangenen Nacht. Das muss daran liegen, dass der Himmel heute klar ist. Sie lässt die Taschenlampe ausgeschaltet und betrachtet das Sternenzelt. Einige Lichtjahre von hier sehen in diesem Moment ein paar Millionen Grosnopfe auf die selben Sterne. Und in einer anderen Richtung erklären sich gerade Millionen Menschen die Sternbilder, die sie hier auch vor sich haben. Die Entfernung ist so gering, dass sich der Himmel kaum verändert. Nur die allernächsten Sterne verändern ihre Plätze.

Eva seufzt. Eigentlich geht es ihr doch ziemlich gut, auch wenn die Expedition eine Schnapsidee war. Vernünftig wäre, am Morgen den Rückweg anzutreten, aber das wird Adam auf keinen Fall zulassen. Sie könnte heimlich Marchenko Bescheid geben. Wüsste der, wie es um Adams Füße steht, würde er sie bestimmt abholen, aber dann würde Adam nie wieder ein Wort mit ihr wechseln. Zu recht.

Nein, sie wird ihn nicht verraten. Er ist erwachsen, und wenn er sich quälen will, dann soll er das eben. Ihre Blase meldet sich wieder. Sie will gerade die Hose herunterziehen, da fällt ihr ein, in welcher Richtung Adam und Gronar im Zelt liegen. Also läuft sie zum Fußende ihrer Behausung. Im unteren Teil der Zeltplane krabbelt gerade ein Wurm nach oben. Sie lässt ihn in Ruhe.

Bevor sie sich hinhocken kann, fällt ihr Blick auf einen der Nadelbäume. Es ist Typ 1, das gleichseitige Dreieck. Das Gewächs sieht im Dunkeln wirklich wie ein Weihnachtsbaum aus, denn seine Früchte leuchten. Violette und rötliche Kerzen sind rund um den Stamm verteilt. Es ist wunderbar. Am liebsten würde sie Adam und Gronar wecken, um das Erlebnis mit ihnen zu teilen.

Ihre Blase fordert dann aber doch ihren Tribut. Eva hockt sich hin und lässt es laufen. Sie nimmt ein Tuch aus der Hosentasche und reinigt sich. Das gebrauchte Papier lässt sie fallen, überlegt es sich dann aber anders, auch wenn das Tuch sicher mit der Zeit verrotten würde. Sie knüllt es zusammen und legt es vor das Zelt, damit sie es am Morgen einpacken kann.

Es ist gar nicht so einfach, ihren Schlafplatz zurückzuerobern. Adam hat sich breitgemacht. Sie muss ihn wegschieben, um einigermaßen auf der Seite liegen zu können. Wach wird ihr Bruder davon nicht. Sie gönnt ihm den gesunden Schlaf. Hoffentlich sehen die Wunden an seinen Füßen morgen besser aus. Eva schwitzt. Ob sie den Reißverschluss am Eingang offenlassen soll? Aber dann bekommen sie bestimmt Besuch. In einer auf Gerüche fixierten Welt muss ihr Zelt auffällig wie ein Leuchtturm sein.

Eva legt den Kopf so auf den Oberarm, dass die feuchte Innenseite der Zeltplane ihre Wange kühlt.

»He, Langschläferin!«

Adam rüttelt sie an der Schulter. Eva gähnt. Der Eingang steht offen. Blendend helles Licht zeichnet ein spitzes Dreieck ins Zelt. Sie winkelt das nackte Bein so an, dass das Licht sie nicht trifft.

»Es ist ja schön, dass du so gut schläfst, aber du solltest

jetzt doch langsam aufstehen«, sagt Adam. »Wir haben schon alles vorbereitet.«

Ha ha, wenn Adam wüsste. Aber sie hat jetzt auch keine Lust, mit ihm über die vergangene Nacht zu diskutieren. Anscheinend hat sie doch noch ein paar Stunden Schlaf bekommen. Sie kriecht aus dem Zelt. Die Sonne steht schon so hoch, dass der Sonnenaufgang mindestens zwei Stunden her sein muss.

»Hier, ich habe dir Müsli gemacht«, sagt Adam und hält ihr eine Schüssel hin.

Eva läuft das Wasser im Mund zusammen. Sie hat wirklich Hunger. Schnell nimmt sie Adam die Schüssel und den Löffel ab und setzt sich damit auf ihren Rucksack, der schon vor dem Zelt steht. Ragnor baut das Zelt ab, während sie das Müsli vertilgt. Es schmeckt köstlich.

»Wie geehsch esch dscheinem Fusch?«, fragt sie kauend.

»Ragnor hat mir die Wunden frisch verbunden. Sie sehen gut aus und bluten nicht mehr.«

»Wasch isch misch Eischer?«

»Nichts, alles prima.«

Hat er kurz gezögert? Eva traut ihm zu, dass er nur so tut, als wäre alles in Ordnung. Sie schluckt den letzten Bissen hinunter.

»Wirklich?«, fragt sie und sieht Adam ins Gesicht.

»Ja, mach dir keine Sorgen. Ich würde doch nie …«

Er wird sichtlich unsicher, lächelt das Gefühl aber geschickt weg.

»Na gut, ich würde«, sagt er dann. »Aber in diesem Fall ist es wirklich okay. Versprochen.«

»Wir müssen ja heute nicht wieder 60 Kilometer laufen«, sagt Eva.

»Oh doch, das müssen wir, sonst erreichen wir den Ozean nie.«

»An mir soll es nicht scheitern. Ich hatte eher an deine Füße gedacht.«

»Kann Adam tragen«, sagt Ragnor, der gerade das Zelt verpackt und es sich dann umschnallt.

»Das kommt gar nicht in Frage«, sagt Adam. »Entweder ich laufe selbst, oder wir kehren um.«

Gut. Das bedeutet, dass er einen Abbruch zumindest grundsätzlich in Betracht zieht. Soll sich Adam eben quälen, wenn ihm das lieber ist. Sie wirft einen Blick auf seine Füße. Immerhin hat er dazugelernt und trägt nun Wanderschuhe.

»Bevor wir losmarschieren, sollten wir uns noch bei Marchenko melden«, sagt Eva.

»Das habe ich schon erledigt, gleich nach dem Aufstehen«, sagt Adam.

»Das Adam hat erledigt«, sagt Ragnor.

Soso, die beiden Männer haben sich abgesprochen. Egal. Sie nimmt den Rucksack auf die Schultern. Seit gestern ist er leider nicht leichter geworden, und heute sind da plötzlich Druckstellen, wo gestern noch keine waren. Eine Dusche wäre jetzt großartig. Sie müffelt jetzt schon unangenehm, fast wie damals im Siriussystem, als sie tagelang im Raumanzug gesteckt hatte. Aber so, in leichter Kluft und bei atembarer Luft, ist es doch angenehmer. Wo ist eigentlich das schmutzige Tuch, das sie noch entsorgen wollte? Sie findet es nicht. Ragnor oder Adam werden es wohl aufgeräumt haben.

»Wo geht's lang?«, fragt sie.

Ragnor zeigt nach vorn, und Adam zur Seite. Sie brechen gemeinsam in Gelächter aus.

Je weiter der Weg bergauf führt, desto schmaler wird der Fluss. Sie laufen aber auch nur noch aus Gewohnheit an ihm entlang, und weil sie kein Wasser tragen müssen, solange sie stets darauf Zugriff haben. Zur Mittagspause genehmigt sich Eva ein Bad. Sie lässt die Männer beim Essen sitzen und geht hundert Meter flussabwärts, wo zwei graue Felsen ihr Sichtschutz gewähren. Dahinter zieht sie sich aus und lässt sich in das fließende Nass fallen. Es ist zwar etwa dreißig Grad warm, aber bei knapp unter 40 Grad Lufttemperatur wirkt es immer noch sehr erfrischend.

Der Fluss ist hier noch so tief, dass sie im Liegen beinahe komplett eintauchen kann. Unter ihrem Rücken sind Kiesel. Wenn sie sich etwas bewegt, massieren sie ihre schmerzenden Muskeln. Das Wasser strömt fröhlich über ihren Körper, bildet im Bauchnabel einen kleinen Strudel und fließt dann über das dunkle Dreieck zwischen ihren Beinen ab. Eva legt sich zurück, sodass auch ihr Kopf ins Wasser taucht. Die Kiemen an ihrem Hals öffnen sich wie von selbst. Eva hat keine Ahnung, wie sie sie bewusst steuern kann. Aber sie muss sich ja um Lunge oder Magen auch nicht bewusst kümmern.

Die Augen lässt sie offen. Der Himmel mit seinem violetten Ton verschwimmt. Die Strudel, die ihr Körper als Hindernis im Strom verursacht, arbeiten als kleine Linsen, die interessante Lichtreflexe in allen Farben des Spektrums erzeugen. Wenig rot, viel blau und violett. Sie bleiben nie an einem Ort stehen und verändern dauernd ihre Farben, je nachdem, in welchem Winkel das Licht gerade ihre Augen erreicht. Sie sind kaum zu fixieren, diese Strudel, und schwer zu beschreiben. Aber trotzdem sind sie da, und es macht Spaß, sie zu beobachten.

Etwas kitzelt ihren rechten Ellbogen. Sie dreht den Kopf langsam zur Seite. Es ist ein Fisch, deutlich kleiner als die Eridanus-Seegurke und flach wie das Blatt, das sich gestern über die Blüte hergemacht hat. Er schiebt sich mit den Hinterbeinen an ihrem Arm entlang und hält sich dabei an den feinen Haaren fest. Das ist das Kitzeln, das sie spürt. Vorn sind keine Beine zu sehen, dafür aber ein kleiner Bart, der sich gleich an der Spitze des Körpers befindet. Augen besitzt dieser Fisch nicht. Eva will ihn genauer betrachten, bewegt dabei aber ihren Arm, und schon ist das Tier verschwunden.

»Eva!«, hört sie Adam in weiter Ferne rufen.

Sie richtet sich auf und neigt den Kopf erst nach links, dann nach rechts, damit das Wasser hinausfließt. Sie tastet ihren Hals ab. Die Kiemen haben sich schon geschlossen. Es ist seltsam. Sie ist nicht besonders verschämt, aber dieses spezielle Organ zeigt sie anderen äußerst ungern. Ob es daran liegt, dass es sie unmenschlich macht?

»Eva!«, ruft Adam noch einmal.

Eva seufzt. Am liebsten würde sie den ganzen Tag hier im Fluss verbringen. Sie streift ein paar Tropfen von ihren Brüsten und steht auf. Noch mitten im Fluss schüttelt sie sich wie ein junger Hund. Wassertropfen fliegen nach allen Seiten. Es lohnt nicht, sich abzutrocknen.

»Ich komme!«, ruft sie.

Sie schlüpft wieder in ihre Kleidung, zieht die Schuhe an und kommt hinter dem schützenden Felsen hervor.

Der Weg wird jetzt wirklich beschwerlich. Der Fluss ist schlau und zieht sich in den Untergrund zurück, aber sie müssen weiter bergan marschieren. Immer wieder versperren große Felsen den Weg. Sie sind laut Multifunktionsgerät gerade einmal 600 Meter hoch, aber die Landschaft erinnert an ein Hochgebirge.

Auch der Bewuchs hat sich verändert. Bäume gibt es nicht mehr, also auch keinen Schatten für sie. Wo zwischen den Felsen noch Mutterboden ist, machen sich Sträucher breit. Sie besitzen harte Zweige und dicke, fleischige Blätter. Ragnor bricht eines ab und schneidet es auf. Ein dünner Saft fließt heraus. Der Grosnopf hält das Blatt so über seine Magenfalte, dass der Saft direkt hineintropft.

»Es könnte giftig sein«, sagt Eva.

»Keine Sorge. Erster Magen ist sehr robust. Schützt andere Mägen«, sagt Ragnor.

Der Grosnopf schließt all seine Augen, als müsse er sich konzentrieren.

»Schmeckt gut«, sagt er dann. »Enthält Zucker und Wasser.«

»Gut zu wissen, wenn wir irgendwann kein Wasser mehr finden sollten«, sagt Adam.

Die Pflanze mit dem Wasserspeicher begleitet sie fast bis

zum Gipfel. Oder dem, was sie dafür halten. Ab und zu begegnen ihnen Exemplare, die wie vom Blitz getroffen aussehen. Eva bleibt vor einer besonders stark zerstörten Pflanze stehen.

»Sieht aus, als hätte jemand seine Wut an der Pflanze ausgelassen«, sagt sie.

Die wenigen Blätter, die noch an der Pflanze hängen, haben große Risse. Sie sind ausgelaufen und vertrocknet.

»Große Verschwendung«, sagt Ragnor.

»Verschwendung?«, fragt Eva.

»Hat jemand geerntet, der keine Ahnung hat«, erklärt Ragnor.

Der Grosnopf geht zu einer anderen, unbeschädigten Pflanze. Er nimmt ein Messer aus seinem Rucksack, greift an den Ursprung des Blattes und schneidet dort hinein. Dann holt er das Blatt heraus. Nichts tropft. Erst, als er den Stiel loslässt, läuft dort Flüssigkeit heraus.

»Du solltest den Tieren hier einen Kurs in der optimalen Ernte des Fleischblatts geben«, sagt Adam.

Fleischblatt. Der Name hält sich. Er passt wirklich gut zu der Pflanze. Ragnor schneidet drei Blätter ab, bindet einen Faden um den Stiel, damit nichts herausläuft, und schnallt jedem von ihnen eines auf den Rucksack. Eva will sich erst über die zusätzliche Last beschweren, doch dann merkt sie, dass das Blatt Schatten auf ihren Nacken wirft, der schon erste Anzeichen von Sonnenbrand zeigt.

»Wie hoch geht es denn noch?«, fragt sie.

»Wenn ich das wüsste!«, sagt Adam. »Wir haben kein genaues Höhenprofil. Aber so weit kann es nicht mehr sein. Vielleicht dahinter?«

Er zeigt nach vorn, wo sich ein paar Felsen zu einer Barriere zusammengeschoben haben.

Die Barriere kostet sie eine halbe Stunde, und sie schaffen es nur, sie zu überwinden, weil Ragnor unschätzbare Hilfe leistet. Es gibt keinen gangbaren Weg hindurch, also müssen sie klettern. Der Grosnopf nimmt ihnen als erstes alle Rucksäcke ab. Dann tritt er ein paar Meter zurück und mustert die Felsen. Es gibt ein paar Absätze in unterschiedlichen Höhen. Dazwischen liegen meist um die fünf bis sieben Höhenmeter.

»Hast du einen Plan?«, fragt Adam.

Ragnor zeigt auf seine Beine. »Mein Plan.«

Dann nimmt er ein paar Schritte Anlauf. Es wirkt seltsam unbeholfen, wie er rennt, doch dann löst er die Sprungmuskeln aus. Über mehrere Zwischenstationen arbeitet er sich mit großen Sprüngen nach oben. Adam und Eva staunen und klatschen. Zumindest die Rucksäcke haben es geschafft. Eva greift mit der rechten Hand in den Fels. Es hilft ja nichts. Je eher sie beginnt, umso schneller ist sie fertig. Sie zieht sich nach oben, bis der linke Fuß Halt findet. Dann ist die linke Hand an der Reihe. Sie sieht nach unten. Zwanzig Zentimeter geschafft, und ihre Muskeln zittern bereits. Zwanzig Meter fehlen noch.

»Das sieht nicht gut aus«, sagt Adam.

»Ich weiß«, sagt Eva. »Hast du einen besseren Vorschlag?«

»Ich bin auch nicht fitter als du«, sagt er.

Hinter ihnen rumst etwas.

»Was machst du da?«, fragt Ragnor.

»Sehr gut, ein perfekter Satz«, sagt Eva. »Ich klettere hoch.«

»Du willst nicht lieber auf meinem Rücken?«, fragt Ragnor.

»Ich will«, sagt Adam, bevor Eva antworten kann.

»Dann los«, sagt Ragnor.

Der Grosnopf nimmt Adam in seine Lastarme und platziert ihn damit auf seinem Rücken. Dann nimmt er Anlauf und springt.

»Uiuiui«, ruft Adam.

Kurze Zeit später ist er oben. Ragnor landet wieder vor der Wand.

»Du willst immer noch klettern?«, fragt er.

»Nein, ich würde sehr gern mit dir …«

Ragnor wartet nicht, bis sie den Satz beendet hat. Er pflückt sie mit den Tastarmen von der Wand, legt sie in seine Lastarme und setzt sie oberhalb des Ansatzes der Tastarme auf seinen Rücken. Eva klammert die Beine um den Armansatz. Sie sitzt wie auf einem Pferd, nur dass da kein Hals ist, an dem sie sich festhalten könnte. Aber sie spürt Ragnors Tasthand im Rücken, der sie gegen seinen Körper presst. Schon geht es aufwärts. Das Pferd unter ihr geht durch. Wäre Ragnors Hand nicht, würde es sie abwerfen, aber so sitzt sie sicher. Sie will gerade die Augen schließen, weil ihr schwindlig wird, da setzt Ragnor sie schon wieder ab.

»Danke, Ragnor«, sagt sie. »Was hätten wir bloß ohne dich gemacht?«

»Ihr wärt geklettert«, sagt Ragnor.

Adam steht auf und hält die Hand vor die Augen. Ob er schon das Meer sieht?

»Du solltest mal nach unten sehen«, sagt er.

Er klingt nicht sehr begeistert. Das Meer ist wohl doch weiter entfernt als erhofft. Eva stellt sich neben ihn. Jetzt sieht sie es. Da ist kein Meer. Vor ihnen liegt die Hölle, und danach folgt eine weitere Bergkette.

»Was ist denn das?«, fragt Adam.

Zu ihren Füßen liegt ein breites Tal, das aus giftgrünen, schalgelben und kreischroten Bereichen besteht. Aus ihnen steigen Dämpfe auf, die nicht gesund aussehen. Wenn sie da hindurch wollen, sollten sie sich besser beeilen.

»Epsilon Eridanus ist ein sehr junges System«, sagt Eva. »Das da unten ist aktiver Vulkanismus. Eigentlich hätten wir das erwarten sollen.«

Sie legt sich auf den Boden, hält den Kopf über das Kliff und schnüffelt. Der Wind, der von unten kommt, riecht nach Schwefelwasserstoff und Ammoniak.

»Eigentlich«, sagt Adam.

»Sieht sehr interessant aus«, sagt Ragnor. »Bin froh, mit euch zu sein.«

»Danke, Ragnor. Ich überlege, ob wir nicht umkehren sollten«, sagt Eva. »Dafür sind wir nicht ausgerüstet.«

»Das kommt gar nicht in Frage«, sagt Adam. »Schau doch, es sind vielleicht 400 Meter nach unten, dann ein Kilometer durch das Tal, und wieder 400 Meter nach oben. Von dem gegenüberliegenden Kamm können wir bestimmt das Meer sehen.«

»Oder das nächste Tal. Wenn wir nicht vorher an den Dämpfen da unten erstickt sind.«

»Wir sind vorsichtig. Und wenn wir von drüben nicht den Ozean sehen, kehren wir um, okay?«

»Na gut«, sagt Eva. »Dann sollten wir uns jetzt auf die Nacht vorbereiten.«

Hellnacht 16, 3970

DIESMAL SCHLÄFT EVA DEUTLICH BESSER, weil Ragnor von sich aus einen Schlafplatz außerhalb des Zeltes wählt. Als sie aufwacht, ist es kurz nach vier Uhr Ortszeit. Sie kriecht aus dem Zelt, doch ihre Hoffnung, einen beeindruckenden Sonnenaufgang zu erleben, wird enttäuscht. Von ihrem Grat aus können sie nur frei nach Norden und Süden sehen. Im Osten verdecken Felsformationen den Blick auf den Horizont. Es sieht aus, als würde dort eine ätzende Flüssigkeit langsam das satte Violett des Nachthimmels auflösen.

Da sich Adam noch nicht rührt, nutzt Eva hinter einem Felsen die Zeit zur Körperpflege. Das mitgebrachte Wasser reicht nur für eine Katzenwäsche. Das Tal, das vor ihnen liegt, wirkt nicht, als würden sie dort ihre Behälter auffüllen können. Frisches Nass könnte es also erst wieder morgen geben. Während sie mit einem feuchten Lappen Achseln und Scham reinigt, stellt sie sich vor, wie sie in die Brandung des Ozeans springt. Am liebsten würde sie sich von Ragnor in großen Sprüngen zu dem Fluss bringen lassen, in dem sie gestern noch gebadet hat. Wann hat sich Adam eigentlich zuletzt gesäubert?

Sie zieht die frische Wäsche an, die sie bereitgelegt hat, und kehrt zum Zelt zurück. Gerade streckt Adam den Kopf aus der Öffnung.

»Guten Morgen, Bruderherz«, sagt sie.

Vielleicht liegt es daran, dass sie durchgeschlafen hat, aber Eva ist heute überraschend gut gelaunt, fast euphorisch. Die schlechten Gerüche von gestern Abend sind auch verschwunden. Der Wind weht von Süden und bringt den Duft der fruchtbaren Vegetation mit. Das Höllental, das vor ihnen liegt, hat noch den Schatten der Nacht über sich gebreitet. Nur ein paar Krater sind schemenhaft zu erkennen, weil das Material glüht.

»Guten Morgen, Eva. Alles gut bei dir?«

»Aber natürlich.«

Eva holt den Proviant aus dem Rucksack und baut ein provisorisches Frühstück auf. Adam verschwindet hinter dem Felsen, hinter dem sie sich gerade gewaschen hat. Kurz darauf hört sie es plätschern. Jetzt erscheint auch Ragnor. Er winkt ihr kurz zu und springt dann in einem Satz auf einen Felsen. Eva beobachtet ihn. Ragnor sitzt im Schneidersitz und beugt den Oberkörper immer wieder nach vorn. Das dauert etwa eine Minute, dann springt er wieder nach unten.

»Muttersonne grüßt, heißt es bei uns«, sagt er.

»Muttersonne grüßt«, antwortet Eva.

Seltsam, dass ihr das noch nie einer ihrer Retter verraten hat. Abgesehen vom Kult um die Eiablage schienen ihr die Grosnopfe keine religiös anmutenden Gebräuche zu haben. Der Gruß an die Muttersonne geht doch aber zweifellos in diese Richtung.

»Vatersonne grüßt zurück, wäre richtige Antwort«, sagt Ragnor.

»Entschuldige.«

»Das macht doch nichts. Du müsstest es sagen sowieso in unserer Sprache. Meine Übersetzung nicht sehr gut.«

»Danke, dass du uns daran teilhaben lässt.«

»Wir sind Familie, nicht? Du hast mich gerettet. Du dadurch geworden bist meine Mutter.«

»Oh.«

Eva wird heiß. So hat sie das noch gar nicht gesehen.

Aber sie kann doch nicht Ragnors Mutter sein. Sie ist dafür völlig ungeeignet.

»Ah, das Frühstück ist schon fertig?«, fragt Adam.

Die Ablenkung kommt im richtigen Moment.

»Ja, lasst uns schnell etwas essen, und dann machen wir uns an den Abstieg.«

AN SEINER NÖRDLICHEN Seite ist der Grat fast genauso steil wie im Süden. Sie können sich allerdings nicht einfach von Ragnor nach unten tragen lassen, weil aus der Höhe nicht zu erkennen ist, wo der Grosnopf sicher landen könnte. Aber Marchenko hat ihnen Seile eingepackt. Der Hang führt über mehrere Stufen nach unten. Dadurch müssen sie sich immer nur ein paar Meter abseilen.

Anstrengend ist das trotzdem, denn erstens sehen auch fünf Meter von oben ziemlich tief aus, und zweitens beschweren sich Evas Muskeln nicht weniger, nur weil sie alle fünf Meter eine Pause bekommen. Zumindest muss sie beim Abseilen nicht auch noch den Rucksack tragen. Das übernimmt Ragnor. Adam hat seine Last in den ersten beidem Abschnitten noch selbst geschultert, doch dann hat er sie ebenfalls an ihren Grosnopf-Sohn übergeben.

Es ist seltsam. Sie hat Ragnor, seit er erwachsen ist, mehr als Freund betrachtet denn als das Findelkind, das er war. Vielleicht liegt es daran, dass sie sein Aufwachsen nicht miterlebt hat. Marchenko hegt vielleicht väterliche Gefühle. Sie aber nicht.

»Die Hälfte haben wir geschafft«, sagt Adam.

Eva dreht sich um. Die Weite erschlägt sie fast. Sie muss ein paar Schritte zurücktreten. Erst die Felswand in ihrem Rücken gibt ihr wieder Sicherheit. Das Tal vor ihnen ist voller tiefer Risse, die sich von einem Ende zum anderen ziehen. Die Bereiche dazwischen sind mit Kratern gefüllt, aus denen Dämpfe aufsteigen. Wo die Dampffahnen den Boden berühren, haben sich bunte Ablagerungen gebildet. Da unten ist bestimmt das ganze Periodensystem zu finden.

»Das wird nicht einfach«, sagt sie.

»Einfach ist doch langweilig«, sagt Adam.

»Los, gehen wir weiter«, sagt Eva.

Sie will wenigstens den Abstieg hinter sich haben.

»Warte, Eva«, sagt Ragnor.

Sie bleibt stehen. Ragnor streicht mit dem rechten Tastarm über ihren Rücken.

»Was ist?«, fragt sie.

»An deinem Rücken war Schwefel, ich entfernt«, sagt Ragnor.

Je tiefer sie kommen, desto schlechter wird die Luft. Adam überprüft immer wieder mit dem Multifunktionsgerät, ob sie noch atembar ist. Eva hofft ein bisschen, dass sie umkehren müssen, denn die Risse in dem Tal jagen ihr Angst ein. Aber das Gerät entwarnt bei jeder Messung. Es ist zwar eine Menge Chemie in der Luft, aber nichts, was sie umbringt, wenn sie ihm mal einen halben Tag ausgesetzt sind.

»Die chemische Vielfalt ist beeindruckend. Das muss man dem Planeten lassen«, sagt Adam.

»Das dürfte mit der Metallizität des Sternes zu tun haben«, sagt Eva. »Er ist so spät in der kosmischen Geschichte entstanden, dass die protosolare Wolke schon jede Menge schwerer Elemente enthielt.«

»Schon klar«, sagt Adam. »Haben wir nicht schon darüber gesprochen?«

»Du hast damit angefangen. Zusätzlich wird eine Rolle spielen, dass auch der Planet noch jung ist. Da sind all die Elemente an seiner Oberfläche noch nicht in irgendwelchen Ablagerungen versteckt.«

»Frisch gebacken ist der Planet würziger«, sagt Adam.

»Vorsicht, ich werde hungrig«, sagt Eva.

»Wir machen eine Pause, wenn wir den Abstieg geschafft haben.«

»Da, sieh mal!«, ruft Eva.

An einem violetten Tümpel erhebt sich ein Schatten. Oder kam er etwa aus dem Krater heraus?

»Sieht aus wie ein Vogel«, sagt Adam.

»Was habe ich gesagt?«, fragt Eva. »Aber mir glaubt ja niemand.«

»Ich habe nie gesagt, dass ich dir nicht glaube.«

»Nein, gesagt hast du es nicht. Aber jetzt hast du es gesehen, Adam.«

»Es könnte auch der Schatten einer Wolke gewesen sein.«

»Sind da irgendwo Wolken am Himmel? Siehst du eine einzige?«

»Im Moment nicht. Aber vielleicht war vorhin ja eine da. Und nun hat sie sich aufgelöst, so wie dein Vogel, Eva.«

»Es ist nicht mein Vogel. Du hast ihn doch auch gesehen.«

»Muss großer Vogel gewesen sein«, sagt Ragnor.

Der Grosnopf hält ein Instrument vor sein vorderes Auge, das wie ein Teleskop aussieht. Er dreht an einem Ring hinter dem Okular und nimmt das Gerät schließlich herunter, woraufhin er etwas an dem Ring abliest.

»War weit entfernt, der Schatten«, sagt er. »Ich habe gemessen. Spannweite mindestens fünf Tastarme.«

»Fünf Tastarme, das sind ja zehn Meter«, sagt Adam. »Unmöglich. Es müsste doch viel mehr kleine Vögel geben.«

»Siehst du, jetzt glaubst du mir wieder nicht«, sagt Eva.

»Ich glaube doch, dass du etwas gesehen hast. Aber es war näher, als du denkst, und damit deutlich kleiner.«

»War nicht näher«, sagt Ragnor. »War fünf Tastarme.«

»Das ist sehr nett von dir, Ragnor, aber du musst Eva nicht verteidigen, nur weil sie dein Leben gerettet hat.«

»Grr*x*tok, Adam, du solltest Magenfalte festhalten, sonst meine Lasthand landet darin.«

»War das ein übersetzter Grosnopf-Fluch?«, fragt Eva. »Erinnert mich ja sehr an Drohungen, die sich Menschen zuwerfen.«

»Ich mich geärgert«, sagt Ragnor.

»Du solltest uns unbedingt mal ein paar echte Grosnopf-Flüche beibringen, in deiner Sprache. Ich möchte zu gern erleben, was passiert, wenn ich so etwas in der Zentrale der Dracht rufe.«

»Pause«, sagt Eva, lehnt sich an die Wand und rutscht an ihr entlang nach unten, bis sie sitzt.

»Okay, zwanzig Minuten«, sagt Adam.

Eva betrachtet die aufgeschrammten Fingerknöchel ihrer rechten Hand. Ausgerechnet auf den letzten Metern musste das passieren. Sie leckt über die Wunden. Das Blut schmeckt salzig. Hier unten sind die Felsen von einer millimeterdicken Kruste aus den Ablagerungen der Dampfschwaden bedeckt, die aus dem Tal zu ihnen herüberwehen. Zumindest braucht sie die Wunden nicht zu desinfizieren.

»Ich kann euch jetzt tragen«, sagt Ragnor.

»Nein, lass mal, meine Beine sind noch ganz gut in Form«, sagt Eva. »Es ist schon großartig, dass du unsere Rucksäcke nimmst.«

»Ich bin dir auch sehr dankbar«, sagt Adam.

Hunger hat Eva nicht, aber sie zwingt sich, etwas Aaszahnfilet zu essen. Sie braucht die Kalorien für den Marsch. Wenn sie es heute noch auf die gegenüberliegende Bergkette schaffen, und das ist machbar, können sie vielleicht morgen am Ozean sein. Dann würden sie die verabredete Zeit, eine Woche, zwar nicht ganz einhalten, aber einen Tag länger wird Marchenko schon auf sie verzichten können.

Sie sollte nicht in der Zukunft leben. Jetzt steht ihr eine Wanderung durch die Hölle bevor.

Tatsächlich kommen sie überraschend gut voran. Der Boden kommt Eva vor wie gefroren. Er ist, das haben sie getestet, von einer etwa dreißig Zentimeter dicken Schicht aus allen möglichen Salzen bedeckt. Beim Laufen federt er leicht, was wohl an dem Hohlraum darunter liegt. An der Stelle, an der sie ein Loch gebohrt haben, durchmaß dieser leere Raum nur zehn Zentimeter. Vermutlich ist er entstanden, als die Salzschicht getrocknet ist und dadurch an Volumen verloren hat. Es fühlt sich allerdings so an, als würden manchmal deutlich größere Hohlräume unter ihnen liegen.

Dass das keine Einbildung ist, sehen sie spätestens an den Schlammquellen, um die sie immer wieder herumlaufen müssen. Hier dringen heiße Flüssigkeiten aus dem Inneren des Planeten, die auch jede Menge Gas mitbringen. Adam misst zu ihrer Sicherheit fleißig. Die Konzentration in der Atemluft bleibt die ganze Zeit ungefährlich. Vermutlich liegt es an dem stetigen Wind, der von den Bergen kommt und Frischluft zuführt.

Schon nach zwanzig Minuten stoßen sie auf den ersten Riss. Er sieht aus der Nähe weniger gefährlich aus als aus der Ferne. Eine gewaltige Kraft scheint hier die beiden Hälften des Tals auseinandergerissen zu haben. Oben, wo der Riss am breitesten ist, findet sich schnell ein Einstieg, weil das Erdreich hier nachgegeben hat. In ein paar Millionen Jahren wird die Erosion hier alles ausgeglichen haben. Dann könnte das Tal ein fruchtbares Paradies mit ein paar ungewöhnlich tiefen Flüssen sein.

Aber das ist weit in der Zukunft. Eva konzentriert sich auf ihre Füße. Es geht nicht besonders steil nach unten. Doch wenn sie ausrutscht und dumm fällt, lauert da noch die eigentliche Spalte. Sie sieht, wie Adam aus dem Stand springt. Er ist ein paar Meter vor ihr. Hat er gerade die Spalte überwunden? Ragnor ist bei ihm.

»Wartet doch bitte!«, ruft Eva.

Beide bleiben stehen.

»Pass ein bisschen auf bei der Spalte«, sagt Adam.

»Deshalb sollt ihr ja warten.«

»Ist nicht schlimm. Ein halber Meter, da musst du nicht mal springen, Eva.«

»Du bist aber gesprungen.«

»Weil ich Lust hatte.«

»Na gut. Wartet bitte trotzdem.«

Da ist die Spalte. Eva hält respektvollen Abstand. Trotzdem löst sich ein Brocken vom Rand, ohne dass sie auch nur daraufgetreten wäre. Es klackt ein paarmal, als er beim Fallen gegen die Wände des Risses stößt. Dann ist nur das Zischen und Brodeln der Schlammquellen zu hören.

»Mach einfach großen Schritt«, sagt Adam.

Wenn das so einfach wäre! Dazu müsste sie sich auf den Rand der Spalte stellen, der ja offensichtlich nicht mehr so richtig stabil ist. Adam ist also doch nicht umsonst gesprungen. Eva geht ein paar Schritte nach hinten, nimmt Anlauf und … bleibt vor dem Riss stehen. Diesmal bröckelt immerhin nichts ab. Was, wenn sie nicht weit genug springt? Sie weiß überhaupt nicht, wie gut sie springen kann. 50 Zentimeter soll der Riss breit sein. Das scheint ihr knapp bemessen. Wenn sie drüben abrutscht, schlägt sie sich im besten Fall die Knie auf, doch im schlimmsten … nein, sie darf nicht darüber nachdenken.

»Soll ich dich holen?«, fragt Ragnor.

»Nein, danke!«

Das fehlte noch. Dann wird Adam den letzten Respekt vor ihr verlieren. Und sie vor sich selbst ebenso. Sie muss das selbst hinbekommen. Das wäre doch gelacht!

Eva tritt an den Rand und wechselt das Gewicht von einem Fuß auf den anderen und zurück. Nichts bröckelt ab. Sie sieht zur anderen Seite. Ein halber Meter Schwärze liegt davor. Sie wagt einen Blick in die Tiefe. Täuscht es, oder glüht da etwas? Ist die Spalte etwa mit Lava gefüllt? Eigentlich braucht sie sich keine Sorgen zu machen. Nach unten hin verjüngt sich der Riss. Sie wird nicht in die Lava fallen, weil sie vorher steckenbleibt.

»Nun komm schon«, sagt Adam. »Wir haben nicht ewig Zeit. Lass dich von Ragnor abholen, wenn du es nicht selbst schaffst.«

Das kommt nicht in Frage. Sie schüttelt den Kopf und

weiß selbst, dass das eigentlich kindisches Verhalten ist. Warum soll sie sich nicht helfen lassen? Weil sie dann beim nächsten Mal wieder versagt. Das darf nicht geschehen. Sie hat es in der Hand.

»Dreht euch um«, sagt sie.

Adam und Ragnor drehen sich folgsam um. Das hintere Auge des Grosnopfes hat sie immer noch im Blick, aber das stört sie weniger, als wenn Adam sie beobachtet. Eva atmet tief durch und prägt sich die Entfernung ein, die sie überwinden muss. Dann schließt sie die Augen und macht einen großen Schritt. Ihr rechter Fuß trifft den Boden auf der gegenüberliegenden Seite. Sie stößt sich mit links kräftig ab und überwindet den Riss. Sie hat ein bisschen zu viel Schwung, doch nun kann sie die Augen wieder öffnen und sich abfangen.

Puh. Sie dreht sich zurück zum Spalt und sieht hinein. Er hat sich nicht verändert, doch es kommt ihr vor, als würde er sie enttäuscht ansehen, darüber, dass er sie nicht bekommen hat.

»Na endlich«, sagt Adam. »Lass uns weitergehen.«

Blödmann.

Allmählich strengt der Marsch sie wirklich an. Ihre Stirn ist schon ganz wund, aber sie wischt noch einmal darüber. Denn wenn sie das vergisst, läuft ihr der Schweiß in die Augen und brennt dort höllisch, weil er alle möglichen Stoffe aus den Dämpfen mit in die Augen spült. Adam hat sich ein Handtuch um den Kopf gebunden, um das zu verhindern. Aber es saugt sich voll, und dann ist kaum zu verhindern, dass es sich beim Gehen bewegt und die Haut an der Stirn zusätzlich reizt.

Eva hustet. Die Luft ist enorm trocken, aber nicht trocken genug, um den Schweiß zu verdunsten, bevor er ihre Augen erreicht. Sie verliert wahrscheinlich eine Menge Wasser, hat jedoch kaum Durst.

Beeindruckend ist die Landschaft aber schon. So wie hier könnte der Planet kurz nach seiner Geburt ausgesehen haben. Für Leben ist kein Platz, könnte man denken, aber man muss nur ein paar Steine umdrehen und findet flechtenartige Gewächse unter ihnen. Wie lange wird es wohl dauern, bis sich das Leben dieses Tal vollständig zurückerobert?

Sie erreichen einen besonders farbenfrohen Tümpel. Es sieht so aus, als würde ein Maler darin gerade alle Farben seiner Palette mischen. Vermutlich treten hier zwei oder drei verschiedene Strömungen aus der Kruste gemeinsam an die Oberfläche.

»Schau mal, das sieht fast künstlerisch aus«, sagt Eva.

»Ist mir grad egal«, sagt Adam.

»Beeindrückend«, sagt Ragnor.

»Beeindruckend«, sagt sie.

Hinter der Quelle zeichnet eine ebenso imposante Dampffahne farbige Muster auf den Hintergrund. Eva läuft in einem Bogen darum herum, um dem Dampf auszuweichen. Dann hockt sie sich hin. Der Boden ist warm. Die Partikel aus dem Dampf bilden interessante, dreidimensionale Muster.

»Wie Schneeflocken«, sagt sie.

»Das muss irgendein elementarer Stoff sein«, sagt Adam.

»Es ist bläulich«, sagt Eva. »Hast du eine Ahnung, was es sein könnte?«

»Nein. Sei lieber vorsichtig.«

Sie widersteht dem Impuls, eine Probe zu nehmen, und richtet sich auf. Adam und Ragnor sind weitermarschiert. Eva beeilt sich, zu ihnen aufzuschließen. Doch dann bemerkt sie die Spuren.

»Nun wartet doch mal!«, ruft sie.

»Was ist denn noch?«, fragt Adam.

»Diese Kratzer hier, die sind doch nicht normal.«

Ein Teil des von dem blauen Stoff bedeckten Bereichs scheint künstlich abgetragen worden zu sein, und zwar mit einem spitzen Instrument. Mit einer Art Hacke vielleicht? Adam dreht sich um, kommt aber nicht näher.

»Es muss irgendeine natürliche Ursache geben«, sagt er. »Hier war doch noch niemand außer uns.«

Sieh es dir doch wenigstens an, Blödmann. Aber es lohnt nicht, darüber zu streiten. Wer auch immer den blauen Stoff abgekratzt hat, muss so groß gewesen sein, dass sie ihm irgendwann begegnen müssen.

»Da hoch noch, dann haben wir es geschafft«, sagt Adam.

Hoffentlich irrt er sich nicht. Sie haben die Hölle überwunden. Aber es ist natürlich möglich, dass hinter der Hügelkette ein weiteres Tal dieser Art folgt. Vielleicht reicht die Hölle sogar bis zum Ozean. Sollte sich das bestätigen, werden sie umkehren, das hat Adam versprochen.

»Sollen wir Marchenko Bescheid geben, dass wir das Tal überwunden haben?«, fragt Eva.

»Ich habe es schon versucht, aber ich komme nicht durch«, sagt Adam. »Da wird wohl die Bergkette im Weg sein.«

»Dann haben wir da oben vielleicht bessere Chancen«, sagt Eva.

Der Anstieg ist nicht so steil wie der letzte. Der größte Teil des Hanges scheint aus losem Geröll zu bestehen.

»Das schaffen wir«, sagt Adam.

Aber ohne Gepäck wäre es viel einfacher.

»Ragnor?«, fragt Eva.

»Gib mir Rucksack«, sagt der Grosnopf.

Er nimmt auch Adams Gepäck über die schmalen Schultern, und schon ist er weg. Ein paar Steine rieseln ihnen entgegen.

Uff. Sie hätte Ragnor nicht das ganze Gepäck geben sollen. Dummerweise befindet sich Evas Wasserflasche in der Außentasche des Rucksacks. Ihr Mund ist schon seit langem trocken und staubig. Den bitteren Geschmack, der sich im Tal eingestellt hatte, ist sie wieder los. Dafür hat sie lauter Sandkörnchen in allen Körperöffnungen. Jetzt in die kühlen Wellen des Ozeans zu springen … einzutauchen, sich auf den Rücken zu drehen, die Welt aus dem Wasser zu betrachten …

Ein Stein, den sie gerade betreten hat, rutscht nach unten weg. Eva gerät ins Straucheln, kann sich aber gerade noch abfangen.

»He, pass auf!«, ruft Adam.

Sie bleibt stehen und wagt einen Blick nach unten. Der Hang führt ein paar hundert Meter in die Tiefe. Schwindel überfällt sie, doch sie schafft es nicht, den Blick abzuwenden. Die Welt schwankt, bis sie eine Hand auf der Schulter spürt. Es ist Adam.

»Warte, ich hake dich ein«, sagt er.

Es klickt, als er die Sicherungsleine mit dem Karabiner an ihrem Gürtel verbindet.

»Danke«, sagt Eva.

Es wird kurz dunkel, dann wieder hell. Eva sieht nach vorn. Riesige schwarze Flecken bewegen sich über den grauen Hang, groß wie Windmühlenflügel. Es ist Ragnors Schatten, der ihnen vom Gipfel aus zuwinkt.

»Höchstens noch zehn Minuten«, sagt Adam.

Ein Blick genügt, dann fallen sie sich in die Arme. Vor ihnen liegt der Ozean. Der beschwerliche Weg hat sich gelohnt. Von Adam und Ragnor gehen üble Gerüche aus, Reste der Chemie aus dem Tal, von der Körperflora vergorener Schweiß, Blut und Eiter, salzige Tränen, die sie vergießt, aber das ist ihr egal. Sie stinkt vermutlich selbst erbärmlich. Es fühlt sich trotzdem gut an, denn von jetzt an wird es besser werden, und im Norden lockt das Meer.

Sie lösen sich wieder voneinander. Niemand sagt etwas. Es ist beinahe still. Nur ein steter Wind rauscht leise über den trockenen Grat. Eva schnüffelt daran. Sie hofft auf das salzige

Aroma des Ozeans, aber auf das muss sie wohl bis morgen warten. Unter ihnen liegt eine vielleicht 30 Kilometer durchmessende Ebene, deren Grün- und Blauschattierungen Fruchtbarkeit versprechen. Eva entdeckt kleinere Flüsse darin, die ihre Finger zum Meer hin ausstrecken.

Dann kommt der Strand, der auch hier aus schwarzem Sand besteht. Er erinnert an einen Trauerflor, der die grüne Ebene zum bläulich-violetten Meer hin abschließt. Der Ozean scheint unendlich. Er reicht bis zum Horizont und darüber hinaus. Besonders faszinierend sind die Inseln. Sie müssen weit vom Ufer entfernt sein, denn für Eva sind sie kaum größer als ein Punkt.

Dass man sie überhaupt sieht, liegt an den riesigen Bäumen, die sich auf ihnen gen Himmel erstrecken. Es sind enorme Gewächse. Auf einem überraschend schlanken Stamm befindet sich ein liegender Halbmond, die Krone, und sie scheint größer zu sein als die eigentliche Insel. Oder gründen die Bäume gar direkt im Meer? Eva stellt sich vor, wie sie ein Boot bauen und die Inseln besuchen. Es muss ein unbeschreibliches Gefühl sein, unter einer Baumkrone herumzulaufen, die so groß wie eine Insel ist.

Aus Bodennähe steigt ein dumpfer Geruch auf. Es sind Adams Füße.

»Wir müssen uns um deine Wunden kümmern«, sagt Eva.

»Zuerst muss ich … Nein, du hast recht.«

Adam setzt sich auf den Boden und streckt ihr die Füße entgegen. Entweder, er ist wirklich vernünftig geworden, oder seine Füße sind in einem noch schlechteren Zustand, als sie geglaubt hat. Sie zieht ihm erst die Schuhe aus und löst dann die Verbände.

Es sieht schlimm aus. Die Wunden haben sich entzündet. Adams Füße glühen. Sie säubert alles gründlich, und obwohl das sicher nicht angenehm ist, erträgt Adam es stoisch.

»Ich würde bis morgen früh nur einen lockeren Verband anlegen«, sagt sie.

»Wie du es für richtig hältst.«

Eva lächelt.

»Du solltest ein Breitband-Antibiotikum nehmen«, sagt sie.

»Habe ich schon.«

»Sehr gut. Dann kann ich jetzt nichts weiter für dich tun. Du solltest dich ein paar Tage ausruhen.«

»Ab morgen dann am Strand.«

»Du willst wirklich so 30 Kilometer zurücklegen?«, fragt Eva.

»Wenn es gar nicht mehr geht, trägt Ragnor mich bestimmt gern.«

»Ich kann euch beide tragen«, sagt Ragnor.

»Marchenko, hörst du uns?«, fragt Adam.

Er versucht offenbar, die Basis zu erreichen. Das ist eine gute Idee. Marchenko sollte wissen, dass es ihnen gut geht.

»Marchenko, bitte kommen.«

»Marchenko, bitte kommen.«

»Marchenko, bitte kommen.«

»Kein Empfang«, sagt Ragnor. »Entfernung zu fern.«

»Zu groß«, korrigiert ihn Adam.

»Zu groß auch«, sagt Ragnor.

»Jetzt macht sich Marchenko bestimmt Sorgen«, sagt Eva.

»Daran können wir leider nichts ändern«, sagt Adam. »Wir versuchen es morgen früh noch einmal. Vielleicht gibt es tageszeitliche Unterschiede. Eigentlich müsste der Planet eine viel stärkere Ionosphäre besitzen als die Erde.«

»Das könnte das Problem sein«, sagt Eva. »Wenn die Schicht, die Funkwellen reflektiert, viel niedriger liegt, dann kommen wir mit den Reflektionen auch kaum über den Horizont hinaus. Und der ist ja sowieso schon ziemlich nahe.«

»Das stimmt«, sagt Adam. »Wir bräuchten ein Relay im Orbit, aber dafür reicht die Sendeleistung der Multifunktionsgeräte nicht.«

»Also besser umkehren?«, fragt Eva.

Es ist eine rhetorische Frage. Sie weiß genau, was Adam antworten wird.

»Auf keinen Fall«, sagt er. »Marchenko muss dann eben mal drei Tage ohne Neuigkeiten von uns auskommen. Hauptsache ist doch, dass es uns gut geht.«

Hellnacht 17, 3970

Hat sie sich je so sehr auf etwas gefreut wie auf das Meer? Eva kann sich nicht erinnern. Sie sind fast gleichzeitig aufgewacht, geweckt von der Sonne, deren Strahlen gerade wieder ihre nackten Beine kitzeln. Auf das Zelt haben sie verzichtet. So konnte sich auch der gröbste Körpergeruch etwas verziehen. Der Marsch durch den Dschungel unten wird sicher noch einmal kräftezehrend, aber diesmal wartet eine echte Belohnung auf sie.

»Braucht ihr noch irgendetwas?«, fragt Adam.

»Nein, danke«, sagt Eva.

»Ich bin bereit«, sagt Ragnor.

»Ich putze nur noch meine Zähne«, sagt Eva.

Ein paar Fasern Aaszahn sind zwischen ihren Backenzähnen gelandet. Die muss sie noch loswerden. Sie nimmt ihr Waschzeug aus dem Rucksack, befeuchtet die Zahnbürste und tunkt sie in das Glas mit der Zahnpasta. Dann putzt sie gründlich, spült und gurgelt und spuckt die Reste auf den Boden. Hach, das fühlt sich gut an. Die blöden Fasern hat sie auch erwischt.

Eva verpackt das Waschzeug wieder. Ragnor pult mit einer Tasthand in seiner Magenfalte. Sie muss ihm irgendwann erklären, dass das auf sie unappetitlich wirkt. Adam steht mit geschultertem Rucksack am Abhang. Er hat die rechte Hand vor die Augen gelegt und sieht in die Runde. Er erinnert sie an einen Kapitän, der nach Land sucht.

In diesem Moment taucht von hinten ein Schatten auf. Eva bemerkt nur die plötzliche Dunkelheit, die sie alle einhüllt. Was immer sie verursacht, muss so groß sein wie ein Haus. Adam stößt einen Schrei aus. Plötzlich schwebt er einen Meter über dem Boden und zappelt hilflos mit Armen und Beinen. Sie sieht nur seine Rückseite. Eva ist starr vor Schreck. In seinem Rucksack hat sich eine riesige Kralle verfangen. Sie gehört zu einem gefiederten Fuß, der die Spitze eines gewaltigen Beins bildet.

Eva erkennt den Angreifer immer besser, aber nur, weil er sich blitzschnell von ihnen entfernt. Das Tier fliegt in Richtung Meer und nimmt Adam mit sich. Der Körper ihres Bruders hängt wie eine winzige Puppe an einem Monstrum, das eine Kreuzung aus Vogel und Reptil sein könnte. Federn besitzt es nur an den Füßen. Die gewaltigen Flügel sehen ledrig aus. Sie bewegen sich langsam, aber mit jedem Schlag steigt das Tier viele Meter in den Himmel auf.

Sie findet ihre Stimme wieder und schreit, aber der Entführer interessiert sich nicht dafür. Am Rand des Abhangs bewegt sich etwas. Geht es jetzt ihr an den Kragen? Hat das Monster nicht allein gejagt? Aber es ist bloß Ragnors kleiner Kopf, der über der Kante auftaucht. Langsam zieht sich der Grosnopf hoch.

»Tut mir leid«, sagt er. »Habe nicht erreicht. War zu langsam.«

Er muss ihm hinterhergesprungen sein. Eva hat es nicht einmal bemerkt. Ragnor ist viel größer als sie, aber im Vergleich zu Adams Entführer ist er ein Zwerg. Er hätte keine Chance gehabt. Trotzdem hat er es probiert.

»Danke, Ragnor, dass du versucht hast, Adam zu retten.«

»Ist klar. Du musst nicht bedanken.«

Wo bringt das Monster Adam hin? Am Himmel bewegt sich ein schwarzer Punkt Richtung Norden. Wenn der Vogel Adam jetzt fallenließe, würde er sterben.

»Wir müssen hinterher«, sagt Eva.

»Keine gute Idee«, sagt Ragnor. »Müssen Marchenko Bescheid sagen.«

Der junge Grosnopf ist vernünftiger als sie. Sie können Adam natürlich nicht im Alleingang retten. Dafür brauchen sie Hilfe. Marchenko, das Shuttle …

Aber sie haben drei Tage bis hierher gebraucht. Wenn sie zu zweit zurückmarschieren, werden sie Adam nie wiedersehen. Eva hat ihren zappelnden Bruder vor Augen. Das Monster, das ihn ergriffen hat, will sicher nicht mit ihm spielen. Adam ist Beute, und Beute wird schlecht, wenn man sie nicht frisst. Wie soll sich ein Mensch gegen dieses Ungeheuer wehren können?

»Ich folge dem Monster, während du zurück ins Lager läufst«, sagt Eva. »Ohne mich bist du viel schneller.«

»Aber hier ist es gefährlich. Ich dich nicht alleinlassen.«

»Drei Tage lang ist uns nichts passiert. Es gibt offenbar nicht so viele von diesen Monstern. Ich muss Adam nach. Er braucht dringend Hilfe. Du holst Marchenko, aber das wird zwei, drei Tage brauchen. Oder länger, wenn das Shuttle gerade unterwegs ist.«

Ragnor wringt seine Tasthände. Er tut ihr leid, weil er in der Zwickmühle steckt. Er schuldet Eva sein Leben, soll sie nun aber allein in der Wildnis lassen?

»Es ist okay, Ragnor. Ich komme zurecht. Ich bin doch kein Kind mehr. Und für den Notfall habe ich die Waffe, die Marchenko uns gegeben hat.«

»Gut. Ich eile mich. Du gehst nach Norden.«

»Ja, ich bewege mich strikt nach Norden. So findet ihr mich.«

»Wir werden dich finden, Eva, und dann wir retten Adam. Verlass dich auf Ragnor.«

Wenn sie das bloß könnte. Zwei Tage sind zu viel. Kein Raubtier lässt seine Beute so lange leben. Und der einzige, dem sie zutraut, es sogar mit einem fliegenden Ungeheuer aufzunehmen, ist Marchenko.

Auf dieser Seite der Berge ist der Dschungel noch dichter. Vielleicht liegt es daran, dass die Luft nicht ganz so heiß ist.

»Dann kann sie weniger Feuchtigkeit speichern, und die Pflanzen können das Kondenswasser nutzen«, sagt Eva.

»Aber feucht genug war es auf der anderen Seite doch auch«, widerspricht sie sich.

»Fakt ist, dass hier alles noch besser wächst. Ist doch egal, warum.«

»Nein, das ist es nicht. Alles hat seine Bedeutung. Wenn du aufhörst, nach dem Warum zu fragen, kannst du auch gleich sterben.«

»Das Leben hat keine Bedeutung. Hast du das denn immer noch nicht kapiert?«

Eva stolpert über eine Wurzel. Dann hört sie ihre eigene Stimme als Echo. Ist es möglich, dass sie Selbstgespräche führt? Sie hält an und sieht auf den Kompass. Dort vorn ist Norden. Sie muss die Richtung einhalten, damit Ragnor sie finden kann. Rechts murmelt Wasser. Sie schlägt sich seitlich durch die Büsche und erreicht einen Bach, der sich zwischen Wurzeln hindurchschlängelt. Sie hockt sich daneben und beugt sich über das Wasser. Ein Gesicht begrüßt sie. *Hallo Eva.* Sie kann seine Umrisse nur verschwommen erkennen. Aber sie weiß noch, dass sie selbst es sein muss.

Immerhin. Sie greift mit beiden Händen mitten in ihr Gesicht und spritzt sich Wasser über den Kopf. Das kühle Nass ist angenehm. Es holt sie aus den Wolken zurück. Sie führt Selbstgespräche. Das ist nicht gut. *Du musst wirklich aufpassen, Eva, damit du dich nicht verlierst.* Sie stützt sich ab und taucht gleich den ganzen Kopf in das Wasser. Das tut gut. Die Stimmen ziehen sich zurück. Sie ist wieder ganz.

Der Dschungel ist nicht nur besonders dicht, er ist auch belebter als auf der anderen Seite. Die Tierwelt scheint sich zwar vor ihr zu fürchten, doch Eva macht immer wieder Bewegungen aus. Sie findet mindestens drei neue Tierarten.

Eine erinnert sie an eine Kreuzung aus irdischem Schlammspringer und Skorpion. Es ist ein Fisch mit besonders starken Hinterbeinen, die seinen Hinterleib fast senkrecht aufrichten. So können die sieben Augen, die sich über seine Länge verteilen, auch nach vorn sehen.

Eine zweite wagt sich die Bäume und Sträucher hoch. Sie benutzt zum Klettern aber nicht die Beine, die bei ihr nur ansatzhaft ausgeprägt sind. Vielmehr wickelt sie ihren flachen Körper so um den Ast, dass sie ihn fast vollständig einhüllt. Dann gehen wellenförmige Bewegungen durch die innen anliegende Haut, und das Tier schiebt sich langsam nach oben. Hat es sein Ziel erreicht, geht der Rückweg schneller, denn es lässt sich einfach fallen und segelt elegant zu Boden.

Von dem dritten bisher unbekannten Tier entdeckt sie zunächst das Nest. Es ist in Kopfhöhe auf einem runden Blatt errichtet. In einem vielleicht zehn Zentimeter durchmessenden Ring aus Pflanzenteilen liegen drei Eier. Eva will es sich gerade näher ansehen, da taucht die Mutter auf – oder der Vater, falls es hier eine Zweigeschlechtlichkeit gibt.

Auch dieses Wesen wirkt wie eine putzige Kreuzung, diesmal zwischen Huhn und Eidechse. Bis zu den Hüften ein Vogel, hat der Oberkörper echsenhafte Züge. Vielleicht entstehen vogelartige Tiere hier gerade erst, und dieses Wesen wird später einmal als das »missing link« bekannt werden. Sie macht mit dem Multifunktionsgerät ein Foto. Die Kamera löst einen Blitz aus, und das Tier flattert über ihren Kopf hinweg davon.

Sie rennt ihm nach, als gäbe es nichts Wichtigeres. Marchenko hätte doch bestimmt gern ein Foto! Das Tier flattert zwischen zwei palmenartigen Gewächsen hindurch. Eva folgt ihm auch hier, übersieht aber die Wurzel, die die Bäume verbindet. Sie fällt nach vorn und landet mit den Händen voraus im warmen, schwarzen Sand.

Sie hat das Meer erreicht.

Seltsam ist allerdings, dass sie vorher nichts davon gerochen hat. Sie rennt auf das Rauschen zu. Der Sand muss heiß sein, denn die Sonne steht noch hoch. Gut, dass sie Schuhe trägt. Dann kommt das richtige Schwarz. Es beginnt, wo das Meer hinreicht. Eva bleibt stehen.

Sie ist enttäuscht. Wo sich die Wellen brechen, schäumt das Wasser. Es bildet aber keine Gischt, sondern stabile, kleine Blasen, als hätte jemand Spülmittel in das Wasser geschüttet. Sie hält einen Finger hinein und leckt daran. Das Wasser ist nicht salzig. Es schmeckt muffig, leicht brackig. Der Ozean ist anders, als sie ihn sich vorgestellt hat. Es ist nicht die See, sondern ein See, ein riesiger Teich, der einen großen Teil des Planeten umspannt.

Aber das ist ja auch egal. Sie ist nicht hier, um sich am Meer zu erfreuen. Sie muss Adam folgen, der irgendwo hinter dem Horizont verschwunden ist, und dafür braucht sie nun ein Boot.

Hellnacht 17, 3970

Er erwacht, weil etwas an seinem Schuh pickt. Adam öffnet vorsichtig ein Auge. Als das Monster mit ihm hier gelandet ist, hat es ihn mehrmals gegen den Boden geschlagen. Wahrscheinlich ist das seine Methode, die Beute zu betäuben. Bei ihm hat sie nicht funktioniert, weil der Rucksack seinen Rücken geschützt hat. Schmerzlos war die Prozedur nicht, aber Adam hat die Zähne zusammengebissen. Bis er damit aufhören konnte, weil das Monster doch noch seinen Kopf erwischt hat.

Der platzt ihm jetzt fast. Er muss unbedingt an die Schmerztabletten herankommen. Aber was pickt da an seinem Fuß herum? Zum Glück trägt er stabile Schuhe. Doch wenn es genug davon hat und weiter oben zu picken beginnt, wird es unangenehm für ihn. Ganz langsam dreht er den Kopf. Er sieht einen Schnabel und ist erleichtert. Das ist nicht das Monster. Der Schnabel ist gerade einmal so lang wie sein Zeigefinger. Adam dreht den Kopf noch etwas weiter. Zum Schnabel gehört ein Kopf mit schwarzen Knopfaugen, der auf dem Rumpf eines Reptils sitzt. Das Tier ist etwa so groß wie er. An der Seite, sind das etwa Flügel? Sie sind eingerollt. Das Wesen scheint sich darauf abzustützen, so lange es auf seinen Hinterbeinen sitzt.

Was er da vor sich hat, wird wohl ein Babymonster sein, der Nachwuchs seines Entführers. Und er steht demnach gar nicht auf der Speisekarte der Mutter oder des Vaters, sondern der des Nachwuchses. Aber so einfach wird er es ihm nicht machen. Adam sieht sich weiter um. Er liegt am Boden einer Art Schale. Sie besteht aus einem grob geflochtenen Material. Über ihm ist eine Abdeckung aus getrockneten Blättern. Aus dem Orbit werden ihn die anderen hier nicht finden. Mist. Er muss sich dieses Babymonsters entledigen und dann so weit wie möglich nach oben steigen. Bestimmt haben Eva und Ragnor Marchenko Bescheid gesagt, und er lässt aus dem Orbit heraus bereits den ganzen Planeten nach ihm absuchen.

Nein, sicher nicht. Marchenko ist drei Tagereisen von der Hügelkette entfernt, von der ihn das Monster entführt hat. Pick. Jetzt hat der Schnabel schon den Schaft seiner Schuhe in Arbeit. Er braucht eine Waffe. Und er hat eine Waffe. Sie steckt in einer Außentasche des Rucksacks, der immer noch an seinen Rücken geschnallt ist. Er hat ihm das Leben gerettet, aber irgendwann muss man loslassen. Möglichst unauffällig streift er die Gurte ab.

Um die Taschen durchsuchen zu können, muss sich Adam umdrehen. Das Babymonster darf keinen Verdacht schöpfen. Er lässt seinen Fuß absichtlich in Reichweite. Dann dreht er sich um 180 Grad. Geschafft. Der Rucksack liegt vor ihm. Wo ist die Waffe? Er bewegt seine Arme sehr langsam, um das Babymonster nicht auf sie aufmerksam zu machen. Die Arme sind fast ungeschützt. Der Schnabel mag kurz sein, er genügt aber, um ein bisschen Fleisch aus seinem Unterarm zu picken.

Da ist die Waffe. Er spürt ihre Umrisse unter dem Material des Rucksacks. Vorsichtig zieht er den Reißverschluss auf und greift hinein.

Mist. Das Monsterbaby hat aufgehört zu picken. Es schiebt sich langsam nach vorn, wo etwas Interessanteres zu passieren scheint. Adam überlegt kurz und setzt alles auf eine Karte. Er greift so schnell es geht in die Tasche, zieht die Waffe heraus und richtet sie auf das Monsterbaby. Aber das bleibt nicht stehen. Es kommt auf ihn zu. Das Auge auf seinem Schnabel blinzelt. Ist das Neugier oder Appetit? Adam hat keine Lust, das herauszufinden. *Bitte, liebe Waffe, versage nicht.* Er drückt den Auslöser. Es klirrt, und das Monsterbaby kippt nach vorn.

Es hat funktioniert! *Danke, Marchenko, mein Retter.* Adam betrachtet die Waffe. Ob sie auch gegen das Monster hilft? Vermutlich nicht. Es bringt deutlich mehr Körpermasse auf die Waage als zehn dieser Babys. Am besten, er vermeidet eine direkte Konfrontation. Aber dazu muss er das Monsterbaby loswerden. Wenn die Mutter es im Nest findet, wird sie nicht erfreut sein. Adam steht auf. Das Nest ist riesig. Er schätzt seinen Durchmesser auf siebzig oder achtzig Meter. Das Shuttle der Dracht könnte problemlos darin landen.

Er befindet sich etwa auf halbem Weg zum Rand. Unter ihm, in der Mitte des Nestes, ist eine Grube. Darin liegen zwei helle Kugeln. Eier. Das Monster legt Eier wie ein Vogel. Eines der Eier sieht unbeschädigt aus, bei anderen ist die Spitze herausgebrochen. Da kommt wohl das Monsterbaby her, das er gerade bewusstlos geschossen hat. *Tut mir leid, Bruder. Oder bist du eine Schwester? Aber ich tauge nicht als Futter. Beschwer dich bei deinen Eltern.* Adam zieht das Tier am Schnabel, rutscht aber ab. Eine rote Linie zieht sich über seine Handfläche. Blut dringt heraus. Scheiße, der Schnabel ist scharf.

Adam wischt das Blut an seiner Hose ab und läuft um das Monsterbaby herum. Die ledrigen Flügel sehen ungefährlich aus. Sie sind um den Körper des Tieres gewickelt. Er rollt den rechten Flügel aus. Seine Oberfläche ist trocken. Die Knochen, die ihn aufspannen, sind deutlich zu spüren. Viel Fleisch ist an dem Tier nicht dran. Gut, dass er noch Verpflegung im Rucksack hat. Er zieht an dem Flügel, und das Tier bewegt sich. Hoffentlich erwacht es nicht so schnell wieder. Die Waffe besitzt nur eine begrenzte Zahl von Ladungen.

Bis zum Rand des Nestes sind es etwa zwölf Meter, und es geht steil bergan. Adam fühlt sich bald wie Sisyphus, denn das Monsterbaby rutscht immer wieder nach unten. Sisyphus hatte immerhin den Vorteil, dass er unendlich viel Zeit hatte.

Adam hingegen arbeitet gegen die Zeit. Er muss die Strategie ändern. Nicht ziehen, sondern schieben. Er läuft um das Tier herum und drückt gegen seinen eiförmigen Unterleib. Die Haut ist kühl. Es ist kein Warmblüter. Also doch kein Vogel? Federn besitzt es hier auch nicht, dafür Schuppen. Und durch die Schuppen hindurch ist der Herzschlag des Tieres zu spüren.

Mist. Er muss das Monsterbaby kaltblütig umbringen. Hat er denn eine Wahl? Vielleicht könnte er es zähmen. Aber dazu bräuchte er Zeit. Wenn die Monstermutter zurückkommt, wird sie ihr Baby füttern wollen. Oder erwartet sie von ihm, sich seine Mahlzeit selbst kleinzuhacken? Er darf es nicht darauf ankommen lassen. Adam rollt das Tier den Hang hinauf. Nach drei Metern verhakt sich der rechte Flügel im Baumaterial. Adam nimmt darauf keine Rücksicht. Er hat keine Zeit. Es knackt, als die Flügelknochen im Ansatz brechen. Der Herzschlag des Tieres beschleunigt sich, aber es erwacht nicht.

Noch zwei Meter. Gleich ist er das Problem los. Adam wischt sich den Schweiß von der Stirn. Dann erst bemerkt er, dass seine Handfläche immer noch blutet. Er sieht bestimmt zum Fürchten aus. Aber die Monstermutter wird das nicht beeindrucken.

Er hat den Rand erreicht. Schwer atmend legt Adam eine Pause ein. Dabei sieht er nach unten und gerät ins Taumeln. Er schafft es gerade noch, das Monsterbaby am Zurückrollen zu hindern. Dann traut er sich, einen zweiten Blick nach unten zu werfen. Mann, ist das hoch! Der Baum, in dessen Krone das Nest hängt, muss an die hundert Meter hoch sein. Er steht auf einer von hier oben aus winzig anmutenden Insel. Ringsherum wachsen noch mehr solcher Bäume, und die Insel gehört anscheinend zu einer ganzen Gruppe. Ob auch auf den anderen Bäumen Monster nisten?

Das Land hingegen ist weit weg. Adam orientiert sich am Himmel. Er sieht direkt nach Süden, so ein Zufall. Aber die Küste, an der er entführt wurde, liegt hinter dem Horizont. Er ist auf sich allein gestellt. Aber eins nach dem anderen. Es tut mir leid, aber dich kann ich gerade gar nicht gebrauchen. Er gibt dem Monsterbaby einen Stoß, und es kippt über den Rand in die Tiefe. Den gebrochenen Flügel zieht es hinterher. Er flattert im Wind, als würde das Monsterbaby versuchen, schnell noch das Fliegen zu lernen.

Dass es auf der Insel aufprallt, erkennt Adam an einer Sandfontäne. Jetzt muss er nur noch hoffen, dass die Mutter es dort unten nicht vermutet. Ob Marchenko schon unterwegs ist? Sicher nicht. Aber Eva vielleicht. Er ist sicher, dass sie nicht zurück zum Lager marschieren wird. Sie macht sich garantiert auf den Weg, um ihn zu suchen. Es tut gut, sich auf etwas verlassen zu können. Adam sucht den Horizont im Süden ab. Von dort muss sie kommen. Er findet eine kleine, schwarze Silhouette, die sich dem Nest nähert.

Das ging schnell. Er braucht ein Versteck! Adam lässt sich vom Rand des Nestes nach unten rollen. Das Baumaterial ist elastisch, vermutlich handelt es sich um Äste und Zweige. An manchen Stellen treiben sie gerade frisch aus. Ab und zu gibt es kleinere Löcher, durch die man bis zum Boden sehen kann. Aus ihnen steigt warme Luft auf, eine natürliche Klimaanlage.

In der Mitte des Nestes versagt die Belüftung allerdings. Dort hat sich eine Menge Unrat angesammelt. Adam klettert über Fischskelette und dunkle Brocken, die wie Kotbälle aussehen. Ein weißer Fleck erweist sich als ein Papiertuch. Papier? Der Besitzer des Nestes muss in der Nähe ihres Landeortes auf Beutezug gewesen sein. Adam wühlt in dem Müllhaufen. Manchen Skeletten kann man noch die Gestalt des Körpers ansehen. Alles ist morsch. Er testet eine Kralle, die sich als Waffe eignen würde, aber sie bricht sofort.

Das Nest muss uralt sein. Viele Monstergenerationen wurden hier schon großgezogen. Die beiden Eier hingegen sind frisch. Sie sehen überraschend unterschiedlich aus. Das bereits geöffnete ist eher gelblich, glänzt und ist kleiner, das andere, noch geschlossene, hat eine stumpfe weiße Haut. Adam berührt es, doch von seinem Innenleben ist nichts zu spüren.

Es gibt nur ein Versteck. Er durchwühlt die Müllhalde. Irgendwo muss die Scherbe doch sein? Da ist sie. Die abgebrochene Spitze des Eies ist so breit wie seine Armspanne. Er zieht sie aus dem Dreck und zerrt sie hinter sich her. Dann klettert er so in das offene Ei, dass er an die Scherbe noch herankommt. Schließlich platziert er das abgebrochene Stück über sich.

Ob das genügt? Das Ei sieht damit sicher nicht wieder jungfräulich aus. Was wird das Monster davon halten? Er hockt sich hin. So ist er von außen nicht zu sehen. Doch dann steigt ihm sein eigener Geruch in die Nase. Was, wenn der Riesenvogel besser riechen als sehen kann? Düfte scheinen doch auf diesem Planeten eine wesentliche Rolle zu spielen. Sein Hinterteil ist nass. Auch das noch! Er hockt in einer durchsichtigen, geleeartigen Pampe, die ihm bis zu den Knien reicht. Vermutlich hat sich das Monsterbaby davon ernährt, bis es aus dem Ei gekrochen ist.

Plötzlich schwingt das Nest zur Seite und Adam kippt nach vorn. Das ist das Zeichen. Die Mutter ist angekommen. Er stützt sich zwar mit den Armen ab, doch sein Gesicht berührt das glitschige Material. Mist. Er beißt sich auf die Zunge, um seinen Ärger nicht herauszuschreien. Heute geht auch alles schief. Das Nest schwingt ein paarmal nach. Seine Füße machen Erschütterungen aus, die langsam näherkommen. Das muss das Monster sein. Sein Geruch! Adam legt sich hin und schmiert sich am ganzen Körper mit der Pampe ein. Vielleicht hilft sie ihm, den Duft des Nachwuchses anzunehmen.

Die Erschütterungen sind jetzt ganz nah. Adam bleibt einfach liegen und schließt die Augen. Er will nicht mit ansehen, wie ein spitzer Schnabel seinen Körper durchbohrt. Da fällt etwas auf seine Schulter. Die Eierschale wackelt. Er öffnet die Augen und sieht, wie der Schnabel sich zurückzieht. Das Monster gibt keinen Laut von sich. Sollte eine Mutter nicht ihr Junges begrüßen? Akustische Kommunikation scheint hier nicht gebräuchlich zu sein.

Adams Blick fällt auf einen Fisch, der vorher noch nicht

im Ei lag. Er sieht aus wie frisch aus dem See, doch im Nacken ist ein Loch. Das Monster muss ihn erlegt haben. Offenbar will es ihn füttern. Sein Trick hat funktioniert. Es hat ihn anscheinend als Nachwuchs akzeptiert. Oder ist das nur ein Trick, um ihn aus dem Ei zu locken? Nein, so intelligent scheint das Monster nicht zu sein. Es nimmt die Dinge einfach, wie sie sind. Er steckt in dem Ei, das es selbst gelegt hat, also muss er das Wesen sein, dem das genetische Programm der Elternschaft gilt. In der Evolutionsgeschichte dieses Planeten kam es vermutlich noch nie zu solchen Verwechslungen wie in seinem Fall. Die Natur ist zwar im Großen und Ganzen effizient, aber im Einzelfall auch mal sehr dumm.

Zwei Stunden später stellt Adam fest, dass er auch nicht gerade besonders intelligent ist. In seiner Eile hat er den Rucksack vergessen. Sein Proviant und sein Wasser befinden sich darin. Durch die Risse in der Eierschale sieht er, dass die Sonne langsam untergeht. Für das Monster scheint das Nachtruhe zu bedeuten.

Soll er warten, bis es eingeschlafen ist, um dann seinen Rucksack zu holen? Aber das ist gefährlich. Er weiß ja gar nicht, wie tief das Ungeheuer schläft. Er kann zwar seine Körperform gut erkennen, weil es sich dekorativ auf den Rand des Nestes gestreckt hat. Sie erinnert ihn jetzt eher an einen Drachen aus dem Märchen als an einen Vogel. Offenbar ist das Tier eng mit echsenähnlichen Landlebewesen verwandt. Hatten sie nicht ein Exemplar beobachtet, das im Segelflug von Bäumen geflogen war?

Seinen Kopf hat das Monster allerdings so platziert, dass er in Richtung Westen blickt, von Adam weg. So kann er nicht erkennen, ob das Tier schläft. Wenn das überhaupt zu erkennen ist. Über dem Schnabel besitzt das Babymonster nur ein Auge, bei dem kein Lid zu sehen war.

Er muss wohl oder übel durchhalten, bis das Monster

wieder auf Nahrungssuche geht. Adam lehnt sich an die Innenseite der Schale und streckt die Beine aus. Die geleeartige Masse ist überall, er entkommt ihr nicht, aber so lange ihn ihr Geruch schützt, muss er sich mit ihr anfreunden. Zum Glück ist es wenigstens nicht kalt.

Hellnacht 18, 3970

Wenn man auf ein paar notdürftig miteinander verbundenen Baumstämmen kniet, wirken auch einen Meter hohe Wellen riesig. Eva sitzt am Heck ihres Floßes. Die Stange des Ruders klemmt zwischen ihren Beinen. Das provisorische Segel, aus einem Teil ihrer Kleidung hergestellt, flattert im Wind. Sie hat Glück. Der Wind weht schon seit gestern Abend ablandig. Aber der Horizont will einfach nicht näher kommen, und die Sonne brennt heute gnadenlos.

Eva will sich ja nicht beschweren. Dass der Himmel klar ist, erleichtert die Navigation. Zumindest wird sie nicht verdursten. Sie hat zwar noch einen Liter frisches Trinkwasser im Rucksack, aber zur Sicherheit hat sie gestern noch das Meerwasser probiert. Es hat ihr trotz des etwas muffigen Geschmacks über Nacht keine Beschwerden verursacht, also müsste es trinkbar sein.

Sie bindet das Ruder fest. Die Ranken, die sie dafür verwendet, sind wirklich faszinierend. Sie verhalten sich fast wie Tiere, wie Würmer. Legt man sie auf eine glatte Fläche, bewegen sie sich so lange mit schlängelnden Bewegungen, bis sie irgendeine Kante erreichen, um die sie sich winden können. Eva bewahrt sie in einer Tüte auf. Sie zieht eine frische Ranke heraus. Am Anfang wehrt sich der Zweig. Sobald er jedoch merkt, dass eine Zugkraft auf ihn einwirkt, der er nichts entgegenzusetzen hat, gibt er jeden Widerstand auf. Sehr vernünftig! Wenn die Schlingpflanze, von der Eva die Ranken gepflückt hat, von einem Sturm oder einem Tier zu sehr geplagt wird, ergibt sie sich lieber, als am Ende zerrissen zu werden.

Die Ranken halten das ganze Floß zusammen, und bisher erfüllen sie ihre Aufgabe hervorragend. Die Konstruktion ist nicht vollkommen starr, als wären die Stämme mit Nägeln verbunden. So kann das Floß dem Wellengang folgen, ohne gleich auseinanderzubrechen. Eva macht sich bloß Sorgen, was bei zu hoher Beanspruchung passiert. Wenn die Ranken entscheiden, dass ihnen der Stress zu groß wird, geben sie vielleicht alle auf einmal auf, und das Floß zerfällt in seine Einzelteile.

Eva kriecht nach vorn. Auch der Rucksack ist mit Ranken festgemacht. Sie holt ihr Frühstück heraus, Aaszahnfilets. Allmählich hat sie sich an den Geschmack gewöhnt. Da sie sowieso nichts zu tun hat, stört es sie auch nicht, dass sich das Frühstück ewig hinzieht. Danach putzt sie die Zähne. Statt sich zu waschen, springt sie einfach in das warme Wasser. Sie gibt dem Harndrang nach und schwimmt ein paar Runden um das Floß, bis sie erschöpft ist.

Am Nachmittag versucht sie noch einmal, Marchenko per Funk zu erreichen. Aber wieder ist nur Rauschen zu hören. Ragnor müsste doch inzwischen im Lager angekommen sein? Vermutlich ist das Shuttle gerade noch zwischen der Dracht und der Oberfläche unterwegs.

Der Wind ist etwas abgeflaut. In der prallen Sonne ist es dadurch noch heißer. Lange hält es Eva so nicht aus. Sie fertigt aus den übrigen Ranken eine Leine an. Wenn sie im Wasser unterwegs ist, will sie nicht den Kontakt zum Floß verlieren. Das Ende der letzten Ranke legt sie auf ihren Knöchel. Der Zweig windet sich sofort darum herum. Sie ruckelt etwas. Die Ranke sitzt fest, drückt ihr aber nicht das

Blut ab. Die Schlingpflanze will ja ihren Wirt nicht erwürgen. Zufrieden springt Eva wieder ins Meer.

Sie taucht, so weit sie mit der Leine am Fuß kommt. In etwa fünf Metern Tiefe ist es schon deutlich dunkler als an der Oberfläche. Das Wasser über ihr schimmert grün. Es sieht richtig fruchtbar aus. Und das ist nicht nur ein optischer Eindruck, stellt sie bald fest. Sie bekommt über ihre Kiemen nämlich immer schlechter Luft. Eva tastet sie ab und bemerkt einen dicken Belag auf den Filterschichten, die den Sauerstoff aus dem Wasser extrahieren. Sie wischt die Masse ab. Schade, dass sie keine Möglichkeit hat, den Stoff zu untersuchen. Bestimmt besteht er aus zahlreichen Mikroorganismen. Gestern Abend hat sie noch von dem Wasser getrunken. Hoffentlich ist ihr Magen wirklich in der Lage, sie alle zu verdauen.

Eva schwimmt wieder zur Oberfläche hinauf. Das Segel hängt schlaff am Mast. Sie orientiert sich kurz, dann schwimmt sie in Richtung Norden und zieht das Floß dabei hinter sich her. Sie hält fünf Minuten durch, bis sie nicht mehr kann. Das Floß ist zu schwer, um es durch das Meer zu zerren. Sie muss auf das Auffrischen des Windes hoffen. Schwimmend kommt sie zwar schneller vorwärts, aber dann müsste sie auf den Inhalt ihres Rucksacks verzichten. Wenn es hier so etwas wie Pferde gäbe … Seepferde natürlich … Eva denkt an die seltsamen Fische. Sie werden garantiert nicht freiwillig brav nach Norden schwimmen und dabei das Floß schleppen.

Es gibt keine Alternative, sie muss Geduld beweisen. Eva zieht sich wieder auf das Floß. Das Wasser tropft von ihrem Körper. Sie legt sich auf den Bauch und sieht in Fahrtrichtung zum Horizont. Dort sind gerade ein paar riesige Bäume aufgetaucht.

Hellnacht 18, 3970

ANSCHEINEND MITTEN IN der Nacht holt ihn eine heftige Bewegung des Nestes aus dem Schlaf. Das kann nur eines bedeuten: Das Monster geht auf die Jagd. Das ist seine Chance, den Rucksack zu bergen. Adam steht auf. Es ist gar nicht so einfach, wieder aus dem Ei herauszuklettern, weil sowohl dessen Innenseite als auch sein ganzer Körper total glitschig sind.

Adam schafft es, ohne sich an der scharfen Schale zu verletzen. Draußen wird es langsam hell. Er setzt sich gleich wieder hin, um seine Füße zu untersuchen. Er muss aufpassen, dass sich die Wunden nicht infizieren. Im Ei hat er den Verband gelöst, aber hier draußen ist es ziemlich schmutzig, also braucht er irgendeinen Schutz.

Er tastet den Boden ab und findet ein paar alte Blätter, die wie irdische Bananenblätter aussehen. Eines benutzt er, um seine Füße trockenzureiben. Er beginnt vorsichtig. Es schmerzt viel weniger als befürchtet. Haben die Antibiotika schon geholfen? Er dreht das rechte Bein so, dass er die Fußsohle betrachten kann. Statt vereiterter Löcher sind nur noch runde Stellen zu erkennen, wo sich rosig-frische Haut gebildet hat.

Daran muss der Schleim schuld sein. Das Zeug hat offenbar heilende Wirkung! Und seine Hand? Er hatte die

Wunde von gestern ganz vergessen. Auch sie hat sich in einen dünnen Strich verwandelt. So hat seine Entführung doch wenigstens einen Vorteil! Schade nur, dass seine Haut immer noch für neue Verletzungen anfällig ist.

Der Rucksack. Er muss ihn holen, solange der Besitzer des Nestes noch unterwegs ist. Der Rucksack befindet sich nicht mehr dort, wo er ihn abgelegt hat. Adam sucht das Nest ab, während es immer heller wird. In der Nähe des anderen Eies findet er ihn schließlich. Der Rucksack ist gut getarnt, weil jemand frische Blätter darüber drapiert hat. Es sieht fast so aus wie ein bewusstes Arrangement, denn daneben liegen ein paar kokosnussgroße Früchte, deren Schale aufgebrochen ist. Adam nimmt eine. Roter Saft läuft heraus. Er träufelt etwas davon auf die Fingerkuppe und leckt daran. Es schmeckt eklig und erinnert an verwesten Käse.

Ist es ein Zufall, dass das Monster dieses Arrangement ausgerechnet vor dem noch geschlossenen Ei aufgebaut hat? Vielleicht ist das eine Art Begrüßung für den Neuankömmling. Das würde bedeuten, dass auch das zweite Ei kurz davor ist, von seinem Bewohner geknackt zu werden. Ob der sich dann auch so einfach täuschen lässt wie das große Monster? Adam tastet nach der Waffe. Sie steckt noch immer in seiner Hosentasche. Vielleicht sollte er das Ei von außen öffnen und den Konkurrenten aus dem Weg schaffen. Jetzt ist er vielleicht noch kein richtiger Gegner. Skeptisch stimmt ihn, dass das zweite Ei so viel größer und anders gefärbt ist. Was, wenn es auch auf diesem Planeten eine Art Kuckucke gibt, die ihre Eier in fremde Nester legen?

Alles zu seiner Zeit. Er darf sich nicht verrücktmachen lassen. Solange das Monster noch unterwegs ist, muss er zusehen, dass er sich mit dem Proviant den Magen vollschlägt. Er holt als Erstes eine Wasserflasche aus dem Rucksack und trinkt. Dann wühlt er nach den Aaszahnfilets. Er hat sich lange nicht mehr so darauf gefreut.

Da sind sie. Er hat sie schon zwischen den Fingern, als sich das Nest heftig zur Seite neigt. Sein kompletter Inhalt rutscht auf eine Seite, selbst die beiden Eier, und Adam kann sich nicht festhalten und rutscht mit. Was tut das Monster denn da? Beinahe wäre das noch nicht fertig ausgebrütete Ei über den Rand des Nestes gerollt. Jetzt sieht Adam den Besucher. Es ist nicht das Monster, das ihn entführt hat. Das hier ist noch größer. Es sitzt auf zwei Beinen und umklammert mit Doppelkrallen den Rand des Nestes. Flügel besitzt dieses Ungeheuer nicht. Aber seine Doppelkrallen haben genau die richtige Größe, um den Stamm des Baumes zu umfassen, auf dem sich das Nest befindet. Statt eines Schnabels besitzt der Nesträuber ein krokodilartiges Maul, in dem Adam viele kleine, aber sicher scharfe Zähne ausmacht.

Augen scheint das Tier nicht zu besitzen. Aber das Maul schnappt trotzdem nach ihm, weil er den Fehler begangen hat, sich zu bewegen. Adam wirft sich zur Seite und bleibt starr liegen. Wie orientiert es sich wohl? Mit Ultraschall? Dann kann er nur hoffen, dass das andere Ei sich endlich öffnet. Wenn der Nesträuber eine Beute findet, gibt er sich vielleicht damit zufrieden.

Ein paar Minuten vergehen. Adam wagt keine Bewegung. Der eingetrocknete Schleim auf seiner Haut juckt, und der Schweiß läuft ihm über den Körper. Für Gerüche interessiert sich der Nesträuber anscheinend nicht. Adam greift seitlich, im Schatten seines eigenen Körpers, nach einem Stock und wirft ihn nach oben. Der Stock fliegt etwa einen Meter in die Luft, fällt aber nicht mehr zu Boden, weil ihn die Zunge des Monsters schnappt. Adam hört das Holz knacken, das von den Zähnen des Besuchers zermahlen wird.

Also keine Bewegung. Wie lange soll er das noch aushalten? Jetzt ist es schon richtig hell. Bald wird die Sonne seine nackten Glieder verbrennen. Am Morgen und am Abend hilft das Blätterdach über dem Zelt nichts. Er wünscht sich fast, dass das fliegende Monster zurückkehrt. Auch wenn es kleiner als der Nesträuber ist, hat es doch einen Grund, gegen das Ungetüm zu kämpfen. Ganz gewiss gibt es sein eigenes Leben, um seinen Nachwuchs zu schützen.

Das Nest bewegt sich wieder. Er rollt zurück in die Mitte. Das große Ei kommt direkt auf ihn zu. Adam stößt sich ab, macht eine Rolle rückwärts und schafft es gerade so auszuweichen. Die Zunge des Nesträubers schießt auf ihn zu. Er verharrt in Todesangst. Gegen sie hat er keine Chance. Aber er ist gar nicht gemeint. Die Zunge lässt seinen Rucksack durch die Luft wirbeln. Er landet im geöffneten Maul des Reptils, wird dann aber wieder in hohem Bogen ausgestoßen und fliegt quer über das Nest. Adam dreht den Kopf. Auf der anderen Seite sitzt das Monster und flattert mit den riesigen Flügeln. Der Rucksack trifft es am Kopf, doch es nickt nur kurz und katapultiert das Geschoss über sich hinweg.

Sein Rucksack ist weg! In Adam steigt eine seltsame Wut auf. Er liegt hier machtlos zwischen zwei Ungeheuern und ärgert sich, wie die mit seinem wertvollen Rucksack umgehen, statt um sein Leben zu fürchten. Er wäre nicht das erste Opfer, das zwischen den Fronten umkommt.

Wieder schießt die Zunge des Nesträubers nach vorn. Das Flugmonster flattert kurz nach oben und landet dann wieder. Adam hört nur das Rauschen der Schwingen und das Schmatzen der Zunge, die wieder in das Maul fährt, sonst ist es total still. Erneut hebt das Flugmonster ab. Es schwebt etwa fünf Meter über dem Nest, reißt den Schnabel auf und speit Feuer. Die Hitze versengt ihn fast.

Adam versucht, den Kopf noch weiter einzuziehen, doch er hat keine Chance. Bestimmt hat es ihm die Haare weggebrannt. Aber dem Nesträuber geht es noch schlechter. Sein Maul und sein Kopf brennen. Er schüttelt sich, doch die Flammen erlöschen nicht. Das Flugmonster muss die brennbare Masse auf ihn gespuckt haben. Der Nesträuber will flüchten, aber er ist nicht schnell genug, weil seine Krallen ihn nun behindern. Das Flugmonster reißt erneut den Schnabel auf und speit eine zweite Ladung. Adam schützt sein Gesicht mit den Händen.

Plötzlich kippt das Nest wieder in die andere Richtung. Er öffnet die Augen. Der Nesträuber ist verschwunden. Er muss nach hinten gekippt sein. Adam dreht sich um. Wo ist das Flugmonster? Das Nest ist leer. Vermutlich verfolgt das Monster den Angreifer. Sehr gut, das ist seine Gelegenheit.

Das Ei, in dem er die Nacht verbracht hat, ist noch da. Es liegt auf der Seite. Adam kriecht hinein. Der größte Teil des Gelees ist ausgelaufen, doch es reicht noch, um sich damit einzuschmieren.

Adam liegt auf dem Rücken, atmet tief durch und betrachtet die Innenseite des Eies. Scheiße, Scheiße, Scheiße. Wie soll er hier je wieder herauskommen? Am liebsten würde er Marchenko warnen. Sie dürfen ihn nicht retten. Das Shuttle ist nur spärlich bewaffnet. Gegen des Flugmonster stehen seine Chancen schlecht, vor allem, da er jetzt weiß, dass es auch noch Feuer speien kann. Wahnsinn. Und er hat diesen Planeten vorgestern noch für friedlich gehalten.

Etwa gegen Mittag wacht Adam erneut auf. Er hat Durst. Das Gelee ist eingetrocknet. Wenn sich das Flugmonster nicht schon an seinen Geruch gewöhnt hat, wird es bald auf ihn aufmerksam werden. Vielleicht ist es sogar besser so. Lieber an den Nachwuchs verfüttert werden als verdursten. An Wassermangel zu sterben ist kein schöner Tod. Von einem Minimonster gefressen zu werden wohl auch nicht. Vielleicht ist er bald der erste Mensch, der diese Erfahrung machen kann. Aber Marchenkos Waffe ist auch noch da. Er gibt nicht auf. Er wird sich so teuer wie möglich verkaufen.

Er braucht Flüssigkeit. Was mag aus den Früchten mit dem ekligen Geschmack geworden sein? Er kriecht aus dem Ei. Draußen ist es genauso heiß wie in seiner Unterkunft. Auf allen vieren bewegt er sich zum Rand des Nestes. Das Meer liegt zu seinen Füßen. So viel frisches Wasser! Er könnte es wahrscheinlich sogar trinken, salzig ist es ja nicht. Die Wellen sind heute höher als sonst. Hoffentlich kommt kein Sturm auf. In der Krone des Baumes ist das bestimmt nicht angenehm. Andererseits könnte er vielleicht Regenwasser auffangen, falls es regnet.

Adam mustert das Meer bis zum Horizont. Ist das da ein Boot? Im Süden schaukelt ein dunkler Punkt auf den Wellen.

Aber es könnte auch ein Baumstamm sein. Die Sonne blendet so stark, dass er es nicht genau erkennen kann. Er traut Eva zu, dass sie ein Boot gebaut hat und ihm über den Ozean folgt, aber er hofft, dass sie nicht so unvernünftig ist. Adam kriecht einmal um den Rand des Nestes herum, entdeckt aber sonst nichts Ungewöhnliches. Der Himmel ist frei. Das Monster muss irgendwo auf der Jagd sein. Hoffentlich nicht im Süden.

Er tastet nach der Waffe. Sie steckt immer noch in der Hosentasche. Gut. Er fährt mit der Hand in die Tasche und tastet die Waffe ab. Das Metall ist warm und glatt. Der Sicherungshebel ist in der korrekten Position. Am Griff könnte er ein neues Magazin einschieben, besäße er eines.

Ein Samenkorn fällt ihm in die Finger. Er nimmt es heraus. Marchenko hat ihm den Sonnenblumensamen gegeben. Ob er seinen Vater je wiedersieht? Er hätte zuletzt ein bisschen netter zu ihm sein sollen. Ein bisschen verrückt ist er ja schon. Warum um alles in der Welt sollte man eine Sonnenblume züchten, die schneller und höher wächst als alles andere auf dieser Welt? Was Marchenko ihnen erzählt hat, nimmt er ihm nicht ab. Wahrscheinlich hat Eva recht, und ihr Vater hat vom Schöpfer einen Gottkomplex eingepflanzt bekommen.

Der Samen bringt ihn auf eine Idee. Er greift noch einmal in die Tasche und holt weitere Körner heraus. Drei, vier, fünf. *Sieben müsst ihr sein.* Er reiht sie säuberlich auf seiner linken Handfläche auf. Die Samen sehen appetitlich aus. Aber sie zu essen wäre Verschwendung. Denn sie könnten sein Fluchtweg sein. Es klingt so verrückt, dass er über seine eigene Idee lächeln muss.

Wo stehen die Chancen am besten? Adam beugt sich über den Rand des Nestes. Der Baum, in dessen Krone es sich befindet, steht am Rand einer ovalen Insel. Hier auf der Nordseite beginnt fast direkt unter ihm schon das Meer. Er kriecht Richtung Osten. Hier ist es besser. In diese Richtung erstreckt sich die Insel über einen halben Kilometer. Auf dieser Grundfläche stehen noch sechs weitere Bäume, auf denen er allerdings keine weiteren Nester findet. Die Monster leben wohl nicht in Gruppen.

Er feuchtet seinen Finger an und hält ihn nach oben. Der Wind weht Richtung Osten. Wenn er die Samen hier in der östlichen Ecke fallen lässt, wird der Wind sie ein Stück über die Insel tragen. Das ist schlecht. Adam durchquert das Nest und hängt sich auf der westlichen Seite über den Rand. Wieder prüft er die Windrichtung. Es hat sich nichts geändert. Wenn er die Samen nun fallen lässt, hat er gute Chancen, dass sie den Boden in der Nähe des Stammes erreichen.

Dann hängt alles von Marchenkos Gentechnik-Künsten ab. Wie viel Glück wird er brauchen? Die Samen müssen den Boden an der richtigen Stelle treffen. Sie müssen Muttererde finden, in der sie keimen können. Und schließlich müssen sie Pflanzen hervorbringen, die wenigstens so hoch sind, dass er an ihnen hinabklettern kann.

Adam prüft noch einmal in allen Himmelsrichtungen den Horizont, aber er ist allein. Was er vorhin im Süden gesehen hat, war wohl doch nur ein Baumstamm. Er hängt sich auf der westlichen Seite des Nestes über dessen Rand. Ein dünner Ast sticht in seine Achsel. Er bricht ihn ab und lässt ihn fallen. Das dürre Holz segelt zu Boden. Der Wind trägt es auf den Stamm zu. Es prallt daran ab und fällt schließlich auf das ausgedehnte Wurzelwerk.

So könnte es funktionieren. Der Wind weht gerade in der perfekten Stärke. Die Samen sind leichter als der Ast, dürften also am Stamm vorbeifliegen und östlich der Wurzel landen. Adam öffnet die Hand und betrachtet sie noch einmal. Seine glorreichen Sieben. Er dreht die Hand um. Die Samen sind so klein, dass er sie schnell aus den Augen verliert. Jetzt kann er nur noch abwarten.

Kurz vor Sonnenuntergang kehrt das Monster zurück. Das Nest neigt sich wie beim ersten Mal zur Seite. Inzwischen kann Adam schon an der Neigung erkennen, wer da auf dem

Rand sitzt. Der Nesträuber muss deutlich schwerer gewesen sein als das Flugmonster. Es folgen die typischen Erschütterungen, während das Tier durch sein Nest stapft. Wenn er Pech hat, stirbt er gleich. Er ist dem Schicksal ausgeliefert. Adam bleibt in seinem Ei sitzen und hofft, dass sein menschlicher Geruch noch nicht zu sehr durchdringt. Sein Herz schlägt laut. Zum Glück scheint die hiesige Tierwelt taub zu sein.

Ein Schnabel schiebt sich durch den Riss im Ei. In ihm steckt ein toter Fisch. Der Schnabel wackelt damit herum, wohl um ihn auf die leckere Nahrung aufmerksam zu machen, und lässt den Fisch schließlich fallen. Das Tier platscht auf seine Unterschenkel. Adam bewegt sich trotzdem erst wieder, nachdem sich der Schnabel zurückgezogen hat.

Seine Tarnung funktioniert noch. Er zieht den Fisch heran, der nass und glitschig ist, und leckt ihn sofort ab. Der Geschmack ist ihm egal. Er braucht Wasser. Aber das reicht nicht. Er bohrt die Zeigefinger beider Hände in die Fressspalte an der Unterseite des Tieres und reißt es so auseinander, bis die Innereien vor ihm liegen.

Mist. Einen Blutkreislauf wie bei irdischem Leben scheint es nicht zu geben. Die Organe schwimmen in einem dünnflüssigen Gelee, dessen Konsistenz ihn an die nun trockene Masse in seinem Ei erinnert. Er probiert es, doch es schmeckt unerträglich salzig. Als Feuchtigkeitsquelle fällt es aus. Er hat jetzt nur noch mehr Durst. Auch die Organe, deren Zweck er nicht entschlüsseln kann, schmecken nicht besser. Er könnte damit vielleicht im Notfall seinen Hunger stillen, aber nur, wenn er dazu genügend Wasser hätte. Wie machen das die Babymonster? Sie scheinen für die ersten Tage ihren Bedarf aus dem Ei zu decken.

Es gibt eine Quelle, aus der er trinken kann. Das zweite Ei ist größer als seines, also enthält es bestimmt auch mehr Gelee. Der Bewohner wird seine Vorräte mit ihm teilen müssen. Er braucht nur ein Werkzeug, mit dem er die Schale anbohren kann.

Die Gelegenheit ergibt sich, als das Monster nach etwa einer Stunde das Nest wieder verlässt. Inzwischen ist es dunkel, was einen Nachteil hat: Er muss sich beeilen, denn in der Dunkelheit bemerkt er die Rückkehr des Monsters erst, wenn es schon auf dem Nest landet. Zuerst versucht Adam, auf gut Glück ein Werkzeug zu finden.

Aber der Boden des Nestes ist voller Müll. Wann immer er glaubt, etwas Geeignetes in den Händen zu halten, erweist es sich als brüchiger Ast. Deshalb schaltet er die kleine Taschenlampe des Multifunktionsgeräts an. In der Nacht ist sie bestimmt aus großer Entfernung zu sehen. Also kann er nur hoffen, dass dem Monster der Lichtschein in seinem Nest nicht auffällt.

Adam braucht trotzdem noch zehn Minuten, um endlich ein Werkzeug aufzuspüren. Es handelt sich um ein nur leicht gebogenes, sehr spitzes Objekt aus einem knochenartigen Material. Möglicherweise ist es der Schnabel eines Monsterbabys, das vor langer Zeit hier im Nest umgekommen ist. Adam kniet sich vor das verbliebene Ei. Er legt ein Ohr an seine Außenhaut. Drinnen ist es still. Vielleicht ist das Junge darin längst tot. Er leuchtet das Ei mit der Taschenlampe an. Nichts zu sehen. Vielleicht geht es so besser: Er legt das Multifunktionsgerät ab, sodass es das Ei anstrahlt. Dann kriecht er ein paar Schritte um das Ei herum.

Es funktioniert. Die Schale lässt einen Teil des Lichts passieren. So zeichnet sich ab, was sich hinter ihr befindet. Adam erkennt ein Bein, das in einem krallenbewehrten Fuß endet. Es handelt sich um eine Doppelkralle, die in entgegengesetzte Richtungen gebogen ist und so einen Ring bildet. Das Ding da drin ist kein Babymonster. Es handelt sich um Nachwuchs einer anderen Art. Der Nesträuber, den das Monster heute morgen vertrieben hat, wollte nur nach seinem Kind sehen, das vom Flugmonster ohne sein Wissen aufgezogen wird.

»Hallo, du Kuckuckskind«, sagt Adam.

Seine Stimme klingt belegt. Er hat sie einen Tag lang nicht benutzt. Plötzlich bewegt sich die Kralle. Sie schlägt gegen die Eierschale, dort, wo das Licht aus der Lampe darauffällt. Adam kriecht schnell zu ihr, schaltet sie aus und legt sich das Multifunktionsgerät wieder um das Handgelenk. Die Schale des Eies ist unbeschädigt. Es wird wohl noch ein paar Tage dauern, bis sein Konkurrent schlüpft.

Es ist Zeit für den Aderlass. Adam stellt sich vor, in welcher Position sich das Jungtier im Ei befindet. Am besten, er bohrt das Loch ganz unten, kurz über dem Boden. Er sucht nach einer Schale, mit der er die Flüssigkeit auffangen kann. Dazu braucht er noch etwas gut Formbares, um das Loch danach wieder zu verstopfen. Am Boden des Nestes findet er ein Büschel Moos und ein Stück Eierschale.

Los jetzt. Das Muttertier kommt bestimmt bald wieder. Adam setzt das spitze Ende des abgebrochenen Schnabels an und dreht das ganze Objekt ein paarmal. Tatsächlich bohrt es sich in die harte Schale. Noch ein Stück. Drei Drehungen, fünf, sieben, zehn. Er zieht seinen Bohrer heraus und prüft das Loch mit dem Finger. Es ist etwa einen Zentimeter tief und trocken. Also weiter. Zehn Drehungen, fünfzehn, zwanzig, fünfund… der Bohrer rutscht durch. Schnell stellt er die Schale unter das Loch und zieht das Werkzeug heraus. Das Gelee tropft deutlich hörbar in die Schale.

Er hat so einen Durst! Adam setzt die Schale kurz an den Mund und nimmt einen Schluck. Das Zeug hat eine unangenehme Konsistenz, aber der Geschmack ist erträglich. Das Gelee in seinem eigenen Ei war entweder schon vergoren – oder die Inhalte der Eier unterscheiden sich je nach Tierart.

Aus dem Inneren des Eies dringt ein dumpfes Geräusch. Jemand klopft von innen an die Schale. *Nun sei doch nicht so geizig. Du hast ja wohl noch genug, mein Bester.* Er stellt die Schale wieder unter das Loch. Als sie bis an den Rand gefüllt ist, formt er aus dem Moos einen Korken und schiebt ihn in die Öffnung. Er wartet einen Moment, dann tastet er den Verschluss ab. Er bleibt trocken. Es wäre doch blöd, wenn sich das Ei in der Nacht von selbst entleeren würde.

Hellnacht 19, 3970

Diese Bäume sind faszinierend. Eva betrachtet sie schon den ganzen Vormittag, während sie vor ihren Augen in den Himmel wachsen. Waren sie gestern noch Striche am Horizont, erkennt sie jetzt schon die mächtigen Kronen. Und wenn sie nicht alles täuscht, sieht sie inzwischen auch das Land, auf dem sie stehen.

Es müssen kleine Inseln sein, denn dahinter setzt sich das Meer fort. Die weißen Schaumkronen verraten es. Der Wind hat wieder aufgefrischt, und Eva hat riesiges Glück: Er bläst sie auf die Inseln zu. Eva musste ihre aufgetrennten und zusammengenähten T-Shirts am Mast schon etwas reffen, weil der Wind sonst den Bug des Floßes unter Wasser drücken würde. Es ist eben keine Segeljacht. Zu viel Wind ist genauso schlecht wie zu wenig. Sie kann nur hoffen, dass er nicht in einen Sturm ausartet.

In einer Stunde wird die Sonne den Zenith erreichen. Sie streicht über ihren Arm. Die Haut ist trocken und löst sich in Fetzen ab. Das ist der Sonnenbrand, den sie sich in den letzten Tagen geholt hat. Das Meerwasser bietet zwar Kühlung, aber je öfter sie schwimmen geht, desto trockener wird ihre Haut.

Eva dreht sich wieder nach vorn. Da, in der Krone des Baumes ganz links, befindet sich eine Struktur, die nicht wie gewachsen aussieht. Keiner der anderen Bäume weist so ein Muster auf. Es sieht aus wie eine Schale, über die in gewissem Abstand ein dünner Deckel gebreitet ist. Es könnte ein Nest sein, aber dafür ist es viel zu groß. Wenn die Bäume hundert Meter hoch sind, was nicht unrealistisch erscheint, muss das Ding in der Krone mindestens dreißig Meter durchmessen.

Sie denkt an das Tier, das Adam entführt hat, an die Schatten, die sie gesehen hat, und an die riesigen Krallen, die vor ihren Augen ins Meer getaucht sind. Vielleicht handelt es sich ja doch um ein Nest. Das Nest, die Basis des Monsters. Sollte sie tatsächlich den Ort gefunden haben, an den es Adam verschleppt hat?

In diesem Moment sieht sie es. Ein Umriss löst sich von der Baumkrone. Das Wesen breitet seine Flügel aus und schraubt sich in die Lüfte. Bald verschwindet es aus ihrem Blickfeld.

Gegen Abend wird aus der steifen Brise der Sturm, den sie befürchtet hat. Sie muss das Segel komplett reffen. Der Wind drückt das Floß sonst in jede Welle hinein, bis es sich fast überschlägt. Sicherheitshalber legt sie auch den Mast um. Sie prüft die Verankerung des Rucksacks und benutzt dann ein paar Ranken, um sich selbst an das Floß zu fesseln. Dazu legt sie sich flach auf den Rücken, nachdem sie die Schlafmatte untergelegt hat. Bevor der Wind nicht nachgelassen hat, kommt das Floß sowieso nicht mehr voran.

Sie legt zwei Ranken um ihre Fußgelenke. Die Zweige winden sich nach unten und fesseln sie an die Balken ihres Gefährts. Dann wiederholt sie das Verfahren bei ihren Armen. Von oben muss es aussehen, als hätte sie jemand auf dem Floß gekreuzigt. Sie zieht an einem Arm. Die Ranke wehrt sich erst, aber als sie mit ganzer Kraft zieht, kann sie ihre Hand lösen. So soll es sein. Während der Sturm und die Wellen ihre Energien am Floß auslassen, wird sie Kräfte sparen.

Perfekt funktioniert der Plan allerdings nicht. Die Schwachstelle sind ihre Hände und Füße, die der Sturm immer wieder über das Holz des Floßes schleifen lässt. Evas Haut ist sowieso schon aufgequollen, und es dauert nicht lange, bis sie erste Schürfwunden davonträgt. Aber das Floß selbst hält. Zwar laufen immer wieder Wellen über sie hinweg, doch dank ihrer Kiemen hat sie damit keine Probleme. Zumindest schwitzt sie nicht. Irgendwann, als die Sonne schon kurz über dem Horizont steht, schläft Eva sogar ein.

Hellnacht 19, 3970

Adam hat lange nicht mehr so gut geschlafen. Nur sein Rücken schmerzt, weil er sich in der liegenden Eierschale nicht ausstrecken kann. Die Schale, aus der er sich in der Nacht bedient hat, ist leer. Er müsste auch dringend mal pinkeln, will sich aber nicht im Ei erleichtern. Die Frage ist nur: Wo ist das Monster? Er hat so gut geschlafen, dass er nicht weiß, ob es zurückgekehrt ist.

Vorsichtig zieht er sich an der Innenseite der Schale hoch und sieht nach draußen. Das Flugmonster ist nicht zu sehen, aber er hat nur das halbe Nest im Blick. Er muss nach draußen. Langsam und möglichst leise klettert er aus dem Spalt. Draußen weht ein frisches Lüftchen, und am Himmel sind Wolken zu sehen. Es sieht nach Regen aus. Adam atmet tief durch. Ein Regenguss wäre großartig, fast so gut wie eine Dusche.

Er tastet sich um das Ei herum und wagt einen Blick dahinter. Mist. Dort sitzt das Monster. Es hat den Schnabel auf der Brust, und die Flügel sind um seinen Körper gefaltet. Vielleicht schläft es. Aber das Auge direkt über dem Schnabel ist geöffnet. Kann es dieses Auge überhaupt schließen? Er muss auf jeden Fall außer Sichtweite bleiben und darf keine Erschütterungen verursachen.

Adam zieht sich wieder hinter das Ei zurück. Er muss jetzt

wirklich mal. Wo landet der Urinstrahl möglichst leise? Er findet einen Bereich, wo der Boden so locker geflochten ist, dass man hindurchsehen kann. Das müsste funktionieren. Adam kniet sich hin, öffnet die Hose und pinkelt aus geringer Entfernung auf die dünnen Äste. Der Urin verteilt sich und tropft nach unten. Sehr gut. Er wischt die Hände an der Hose ab.

Nächster Schritt. Er muss etwas trinken. Adam kriecht zu seinem Ei und holt die Schale heraus. Dann sucht er das Ei des Konkurrenten auf und stellt die Schale darunter. Der Boden hier ist nass. Er zieht den Moosstöpsel aus dem Bohrloch. Auch das Moos ist feucht. Mist. Anscheinend hat sein Stöpsel das Loch doch nicht dicht verschlossen. Aber das Ei scheint noch nicht ganz leer zu sein. Das Gelee fließt langsamer als gestern, füllt die Schale aber schließlich komplett. Das sollte für heute genügen. Ohne Nahrung kann er noch eine Weile durchhalten. Heute ist ja sowieso der große Tag.

Er schiebt den Stöpsel wieder in das Loch. Diesmal gibt er sich besonders große Mühe. Mit der Schale muss er vorsichtig umgehen. Er balanciert sie in der rechten Hand, während er auf Knien zu seinem Eierrest zurückkriecht. Mit links zieht er sich dort an der Außenwand hoch und bugsiert die gefüllte Schale in das Ei.

In diesem Moment ist ein lautes Trommeln zu hören und zu spüren. Es kommt aus dem großen Ei. Sofort schaukelt das Nest hin und her, weil sich das Monster in Bewegung setzt. Die Mutter will nachsehen, was mit ihrem Ei passiert ist, das sie vermutlich gar nicht selbst gelegt hat. Adam springt in sein eigenes Ei zurück. Dabei hat er so viel Schwung, dass einer seiner Füße in der Schale mit der Flüssigkeit landet. Der Behälter kippt um und die Flüssigkeit läuft heraus. Er hält sich den Mund zu, um nicht zu fluchen.

Das Monster muss stehengeblieben sein, denn das Nest bewegt sich nicht mehr. Adam wagt einen Blick. Das Tier hat seine Flügel um das Ei geschlungen und legt den Kopf gegen die Spitze des Eies. Das ist ja herzallerliebst. Wenn die Mutter wüsste, was ihr da untergeschoben wurde – der Sohn des

Nesträubers! Aber tatsächlich beruhigt sich der Insasse des Eies. Das Trommeln hört auf, und schließlich löst auch das Monster die Umarmung wieder. Es marschiert zum Rand des Nestes zurück. Adam hört das Peitschen der Flügel, als das Monster zu einem Jagdausflug startet.

Er betrachtet die Schale. Sie enthält nur noch einen kleinen Rest Flüssigkeit. Hätte er doch vorhin gleich daraus getrunken! Aber er hatte es sich aufsparen wollen. Schön dumm. Es hilft nichts, er muss zurück zum Ei, um dort noch eine Portion abzuzapfen. Hoffentlich enthält es noch genug Gelee. Ob das laute Trommeln etwas mit seinem Diebstahl zu tun hatte? Was, wenn dem Bewohner des Eies durch ihn der Lebenssaft ausgeht?

Du oder ich, mein Bester. Adam streichelt über die Eierschale. Sie ist glatt und kühl. Er schiebt den Sammelbehälter unter das Ei und zieht den Stöpsel heraus. Die Flüssigkeit läuft in einem dünnen Strahl heraus, der nach kurzer Zeit versiegt. Die Schale ist erst halb voll.

Da passiert es. Das Trommeln setzt wieder ein, noch kräftiger als zuvor. Ein Glück, dass das Monster nicht mehr da ist. Adam hebt die Schale auf und zieht sich ein paar Schritte zurück. Aufmerksam beobachtet er das große Ei. Ein Riss bildet sich darin. Er beginnt ganz unten, wo er das Loch gebohrt hat, und zieht sich langsam bis nach oben, als würde jemand eine gerade Linie auf der Eierschale zeichnen.

Das Trommeln hört auf. War es das schon? Adam sucht den Horizont nach dem Monster ab, doch es scheint außer Reichweite zu sein. Krach. Aus dem Inneren des Eies schnellt etwas nach vorn. Adam sieht, wie sich eine Beule in der Eierschale bildet, um sich dann von selbst wieder einzuebnen. Krach. Der nächste Treffer. Diesmal entsteht die Beule genau auf dem Riss. Sie verschwindet zwar wieder, doch der Riss verwandelt sich an dieser Stelle in einen Spalt.

Da. Der nächste Treffer, wieder auf dem Riss. Schritt für Schritt öffnet sich das Ei. Es wird mit schnellen Stößen von innen aufgerissen. Das Wesen, das darin wohnt, scheint ein ernstzunehmender Gegner zu sein. Adam denkt an das

Krokodilmaul des Nesträubers – und an die fette Zunge, mit der er das Flugmonster ins Wanken gebracht hat. Ob das das Werkzeug ist, mit dem sich das Jungtier nun aus dem Ei befreit?

Er sollte sich vorsehen. Adam stellt sich hinter die leere Schale, die ihm bisher als Behausung gedient hat. Dort holt er die Waffe aus der Tasche. Ob sie auch bei diesem Gegner funktioniert? Er hätte seine Fluchtwege prüfen sollen. Aber nun ist es zu spät dafür. Er kann nur hoffen, dass Marchenkos Sonnenblumen so in die Höhe geschossen sind, wie er sich das erhofft hat.

Denn der Riss ist nun so breit, dass sich das Tier aus seinem Ei befreien kann. Eine Doppelkralle schiebt sich von innen heraus, umfasst die Schale und bricht ein Stück heraus. Auf der anderen Seite erscheint eine zweite Kralle. Beide machen nun gemeinsam den Weg frei, und kurz darauf stürzt neues Leben auf den Boden des Nestes.

Das Wunder des Lebens, ja ja. *Du bist das hässlichste Wunder, das mir je begegnet ist.* Das Jungtier ist dem Nesträuber wie aus dem Gesicht geschnitten. Jetzt rappelt es sich auf seine Hinterbeine, die mit den beeindruckenden Doppelkrallen geschmückt sind. Es zögert kurz, dann setzt es sich in Bewegung. Das Scheißding kommt auf ihn zu. Sieht es ihn etwa? Er hatte immer das Gefühl, dass die Fauna hier nur auf Gerüche reagiert. Aber klar. Er stinkt, und er stinkt nach Mensch, nach Schweiß, Blut und Pisse. Nein, nach Blut nicht mehr, dank des Gelees. Aber Schweiß und Urin genügen offenbar, um das Tier auf seine Fährte zu locken.

Es kracht. Das Baby weiß schon genau, wie es seine Zunge einsetzen kann. Sie trifft die Eierschale, hinter der er sich versteckt, und reißt ihr Oberteil ab. Mist. Jetzt stehen sie sich Auge in Auge gegenüber. Wo hat das Mistding überhaupt seine Augen? Adam hebt die Waffe, aber bevor er zielen kann, kracht die Zunge des Wesens gegen das Unterteil des Eies, hinter dem er steht. Der Stoß schleudert ihn ein paar Meter nach hinten. Der Rand des Nestes fängt ihn geradeso auf.

Du Mistding wolltest mich aus dem Nest pusten. Na warte. Er rappelt sich auf, zielt auf das Tier und drückt ab. Die Waffe macht bloß »fluff«, wie enttäuschend. Das Ziel ist wohl zu weit entfernt. Er muss näher heran, aber wenn ihn die Zunge noch einmal erwischt, war es das wohl, dann fliegt er über den Rand des Nestes in die Tiefe. Es gibt auch keine Deckung. Adam geht langsam auf das Tier zu. Vielleicht reagiert es nur auf schnelle Bewegungen?

Eine trügerische Hoffnung, denn in diesem Moment löst sich die Zunge aus dem Maul des Tieres. Sie trifft ihn in den Magen. Adam stöhnt. Er sieht sich schon durch die Luft fliegen, aber das Ding will ihn gar nicht loswerden. Es will ihn fressen. Oder warum sonst zieht es ihn ganz nah an sich heran? Aber das war ein Fehler. *Jeder macht mal Fehler, du hässliches Ding.* Jetzt muss Adam nicht mehr zielen. Er löst die Waffe aus. Eine elektrische Entladung zischt über den Körper des Tieres. Aber so furchtbar klug war sein Schuss auch nicht. Adam hat gerade noch Zeit zu realisieren, dass ihn das verdammte Ding gepackt hat und er damit von seiner eigenen Ladung erwischt werden wird, da verliert er das Bewusstsein.

Auf seiner Brust liegt eine Klaue. Ihre Spitze hat sich durch seine Kleidung gebohrt. Scheiße, hat ihn das Vieh erwischt? Er stellt sich vor, wie sich die knochenharte Schneide durch seinen Körper frisst und an den Boden nagelt. Die unglaublichen Schmerzen, die damit einhergehen, spürt er nicht, weil er unter Schock steht.

Adam schiebt die Klaue weg, und sie fällt mit einem dumpfen Geräusch auf den Boden. Er tastet seine Brust ab. Da ist kein Loch. Er ist unverletzt. Auch die Beine kann er bewegen. Er zieht sie an sich heran und richtet sich auf. Wie lange war er bewusstlos? Bestimmt kehrt gleich das Monster zurück. Er sieht auf das Multifunktionsgerät. Etwa eine halbe Stunde ist vergangen. Das sollte ihm noch etwas Zeit geben.

Das Monster war eigentlich immer länger als eine Stunde unterwegs.

Aufstehen, los! Hoffentlich hat der Plan mit den Sonnenblumen funktioniert. Er stützt sich auf dem Körper des hoffentlich toten Neugeborenen ab. Sein von festem Leder bedeckter Bauch ist kalt und so weich, dass er eine tiefe Delle hineindrückt. Adam wartet kurz ab, ob irgendein Herzschlag zu spüren ist. Keine Bewegung. Aber er kann keine Überraschungen gebrauchen. Das Wesen ist so groß, dass die Waffe es vielleicht bloß betäubt hat. Er selbst lebt ja auch noch. Wie stellt man bei einem außerirdischen Wesen fest, ob es wirklich tot ist? Es mag kein Herz haben, das Blut durch seinen Körper pumpt. Doch es muss atmen.

Nur wie? Er untersucht das Tier. Aus der Nähe ist es nicht ganz so hässlich. Das muss daran liegen, dass er immer nur einen Teil des Wesens sieht, nicht die erschreckende Kombination für ihn nicht zusammenpassender Teile. Das Maul etwa könnte zu einem Krokodil gehören. Er berührt vorsichtig einen der Zähne. Sie sind enorm scharf. Dann tastet er den Kopf ab. Eine Nase gibt es nicht. Das Auge, das sich oberhalb des Mauls befindet, besitzt kein Lid. Adam zuckt zurück. Huch, die Pupille folgt seinen Bewegungen! Nicht alles an dem Tier scheint tot zu sein. Aber es könnte sich um einen Reflex handeln.

Er zwingt sich, mit der Untersuchung fortzufahren. An den Seiten besitzt das Wesen zwei flexible Schalen, die an Ohrmuscheln erinnern. In ihrem Zentrum gibt es daumendicke Löcher. Er fährt mit einem Finger hinein, doch sie sind tiefer, als sein Zeigefinger lang ist. Ist die Fauna dieser Welt nicht taub? Das könnte demnach das Organ sein, mit dem das Wesen Luft holt. Er feuchtet seine Handfläche mit Speichel an und hält sie über das Loch in der Mitte der Ohren. Es ist kein Luftzug zu spüren.

Hm. Ein Indiz, aber kein Beweis. Und er hat keine Zeit für weitere Untersuchungen. Das Tier bewegt sich im Moment nicht, und das ist gut und muss im Moment reichen. Adam läuft zum Rand des Nestes. Wo ist sein Fluchtweg? Er beugt sich hinaus. Unter ihm geht es hundert Meter in die Tiefe. Mist. Er klemmt die Füße zwischen ein paar Äste und rutscht noch etwas weiter nach vorn, bis er den Stamm sieht. Da ist tatsächlich eine Sonnenblume. Es sind sogar drei oder vier Samen aufgegangen. Sie müssen alle in der Nähe des Stammes zu Boden gefallen sein und lehnen sich nun an den Baum, als suchten sie Halt. Vielleicht brauchen sie den Baum wirklich, um stabil zu stehen. Sonnenblumen wachsen sonst keine neunzig Meter in die Höhe. So weit ist es ungefähr vom Boden bis zum obersten Blatt.

Adam atmet tief durch. Beinahe hätte er seinen Plan umsetzen können. Das ist doch auch ein Erfolg, selbst wenn ihm das nicht beim Überleben hilft. Die Blätter der Sonnenblumen durchmessen drei bis vier Meter. Sie stehen schräg am Stiel. Würde er es irgendwie schaffen, auf das oberste Blatt zu springen, bräuchte er bloß langsam nach innen zu rutschen, bis er den Stamm erreicht. Von dort aus könnte er das nächste Blatt erreichen. Es sind jeweils nur drei bis vier Meter Höhenunterschied. Das ist schon eine ernstzunehmende Fallhöhe mit dem einen oder anderen möglichen Beinbruch. Nein, wahrscheinlichen Beinbruch. Kaum vermeidbaren Beinbruch.

Aber immerhin könnte er einen solchen Abstieg überleben, während hier oben im Nest seine Stunden gezählt sind. Entweder, das Monster kehrt zurück und findet sein totes Baby, oder das Baby erwacht aus seiner Bewusstlosigkeit und geht wieder auf ihn los. Den schnelleren Tod beschert ihm vermutlich das Monster selbst. Es hat dann ja auch niemanden mehr, dem es ihn zum Fraß vorwerfen kann.

Das ist dann wohl das wahrscheinlichste Szenario. Denn aus dem Abstieg über das oberste Blatt wird nichts. Vom Rand des Nestes zum ersten Blatt müsste er sich ungefähr dreißig Meter seitlich durch die Luft bewegen. Der Stamm ist von hier aus schlichtweg unerreichbar. Er wird sterben. Am besten, er springt gleich in die Tiefe. Dann muss er wenigstens nicht lange leiden.

Du alter Dramatiker, würde Eva jetzt sagen. *Es ist erst vorbei, wenn es vorbei ist.* Und er würde schimpfen, dass sie sich ihre Sprüche aus dem Poesiealbum sparen kann. Er vermisst Eva.

Er bräuchte ein Seil! Wenn er es irgendwie am Rand des Nestes befestigen könnte, müsste es etwa 45 Meter lang sein, damit er die Entfernung zu den Sonnenblumen durch Schwingen überwinden kann. Fast 50 Meter Seil! Wie soll er das hier oben auftreiben?

Er tastet das Nest ab. Die dürren Äste, aus denen es zum größten Teil besteht, lassen sich nicht zu einem Seil flechten. Er hat auch nicht genügend Kleidung am Leib, um daraus eine Alternative zu knüpfen. Die Blätter aus dem Dach über ihm sind ebenfalls zu dünn. Er läuft durch das Nest, bis er auf das tote Minimonster stößt. Seine Haut ist ledrig. Wenn er sie ihm abziehen würde, könnte sich das Material für ein Seil eignen. Aber um auf 50 Meter Länge zu kommen, braucht er zehn von diesen Tieren. Oder ein totes Muttermonster. Wenn der Nesträuber noch einmal erschiene, vielleicht um nach seinem Kuckuckskind zu sehen, und es ihm gelänge, das Tier zu überwältigen …

Träum weiter, Adam. Er braucht eine realistische Lösung, und zwar schnell.

»Hast du vielleicht eine Idee, Kumpel?«

Jetzt spricht er schon mit Toten. Zum Glück antwortet das Babymonster nicht. Er streichelt über seinen Kopf und kitzelt es am Hals. Plötzlich reißt es das Maul auf.

»Scheiße, was soll das?«, ruft er und springt einen Meter zurück.

Das Tier, das er erledigt hat, liegt still da, als wäre gar nichts passiert. Nur sein Maul ist nun weit offen. Schon wieder ein Reflex?

Nein, eine Antwort. Eine Idee. Die Zähne! Er hat sie doch vorhin schon bewundert. Adam hockt sich neben das Maul. Es ist nicht ganz risikolos, denn sein neuer Plan beginnt damit, dass er seinem Opfer ein paar Zähne herausbricht. Sicher ein guter Test, ob noch ein Rest Leben in ihm steckt. Aber es ist seine einzige Chance! Er greift dem Monster etwa in der Mitte der Zahnreihe ins Maul. Beim ersten Mal rutscht er ab. Blut tropft in das Maul. *Na prima, jetzt mache ich ihm auch noch Appetit.*

Beim zweiten Mal benutzt er ein dickes Blatt als Schutz. Er setzt all seine Kraft ein, bis es knackt. Ha! Er schlägt das Blatt auf. Darin liegt ein weißes Dreieck mit einer spitzen Schneide. Sicherheitshalber bricht er noch drei weitere Zähne heraus. Beim fünften muss er aufgeben, weil er immer wieder abrutscht. Das Maul des Monsters ist mit einem Mal ziemlich feucht. Das muss Speichel sein. Der Blutstropfen hat vielleicht wirklich seinen Appetit angeregt.

Vier scharfe Schneiden, das sollte genügen. Er läuft in die Mitte des Nestes. Die obersten Zweige reißt er mit den Händen heraus. Dann folgen dickere Äste. Er setzt einen der scharfen Zähne an und sägt. Die Schneide versinkt im Holz, als wäre es Butter. Das sind keine Zähne, das sind Waffen. Er hatte großes Glück, dass ihr Besitzer ihn nicht mit seinem Maul erwischt hat. Und er Dummkopf hat sich vor den Doppelklauen gefürchtet! Die Evolution muss sich eben etwas einfallen lassen, wenn der Gegner Feuer speien kann.

Adam kommt gut voran. Nach zehn Minuten sieht er das herrliche Grün der Sonnenblumenblätter schon sehr deutlich. Er sägt und sägt. Die Zweigreste fliegen nur so aus dem Loch, in das er sich mittlerweile gegraben hat. Es ist schade, dass er sich so beeilen muss. Vermutlich bekommt er hier den perfekten Querschnitt über die Vegetation dieses Planeten. Schon an den unterschiedlich geformten Ästen ist zu sehen, wie vielfältig sie sein muss. Auf dem Weg hierher sind sie sicher nur einem Bruchteil der Arten begegnet.

Los, los, los. Er sieht bestimmt furchtbar aus. Wenn er sich den Schweiß von der Stirn wischt, hat er Blut an der Hand. Manche Äste sind mit Nadeln oder Dornen besetzt, die seine Haut aufkratzen. Ab und zu trifft er auf Zweige, die sich um seine Arme schlingen. Beim ersten Mal zuckt er zurück, weil er darin eine Schlange vermutet. Aber die Zweige haben einfach nur eine enorme innere Spannung. Sie gehören vermutlich zu irgendwelchen Klettergewächsen. Bei der Konstruktion des Nestes scheint sein Erbauer sie ähnlich wie

Zement eingesetzt zu haben, denn sie verbinden größere Äste miteinander. Gelingt es einem, sich um seinen Arm zu schlingen, muss er ihn mit einem Zahn abschneiden.

Da biegt sich das Nest zur Seite. Mist. Das Material unter ihm ist höchstens noch fünf Zentimeter dick. Adam sieht vorsichtig in die Runde. Doch er sitzt schon so tief im Nest, dass er nichts erkennen kann. Immerhin ist er ein wenig getarnt. Das Monster sitzt wohl am Rand. Aber dort bleibt es normalerweise nicht. Es will sicher seine Beute an seine Kinder verteilen.

Adam schneidet schneller. Zu schnell. Er erwischt den Mittelfinger der linken Hand. Mist. Der Schnitt hat das oberste Glied gleich unter dem Nagel erwischt. Er geht tief ins das Gelenk. Adam zieht kurz daran, aber das Fingerglied hängt noch fest. Er wird es nicht verlieren. Weiter. Nur noch ein paar Äste, dann … Die Schritte kommen. Adam hört sie nicht, aber er spürt die Bewegungen des Nestes. Das Monster nähert sich. Es nimmt nicht den direkten Weg. Die beiden Eier liegen auf halber Strecke vom Ostrand zum Zentrum. Das ist das Ziel des Monsters, das es gleich erreicht haben muss.

Es wird still. Adam hält den Atem an. In einer anderen Welt würde er jetzt den Schmerzensschrei der Mutter hören, der man gleich zwei Kinder genommen hat. Das Monster weiß nicht, was geschehen ist. Es muss das reglose Babymonster gefunden haben. Ob ihm nun auffällt, dass es ihm selbst gar nicht gleicht? Wie mag die Strategie der Kuckuckskinder ausgesehen haben? Der gerade geschlüpfte Nesträuber hatte ausgereift ausgesehen. Vielleicht warten diese Tiere normalerweise nicht ab, bis der Nestbesitzer zurückkehrt, sondern graben sich einfach mit ihren scharfen Zähnen durch den Nestboden und klettern mit Hilfe ihrer Doppelklauen am Stamm nach unten, nachdem sie den eigentlichen Nachwuchs zum Frühstück verspeist haben?

Das Nest bewegt sich wieder. Aber es sind nicht die regelmäßigen Erschütterungen, wie sie entstehen, wenn das Monster durch das Nest läuft. Adam spürt ein rhythmisches

Nicken, begleitet vom Rauschen der Flügel. Ihm wird etwas übel davon. Was passiert da? Er sieht kurz nach oben, weil er ein klatschendes Geräusch gehört hat. In diesem Moment fliegt ein tropfender Fetzen in das Loch, in dem er sitzt, und bleibt an einem hervorstehenden Ast hängen. Es ist ein Stück Haut. Der Fetzen schwingt im Takt der Bewegungen des Nestes. An seiner Rückseite hängt noch das Fleisch des Babymonsters.

Die Chefin hat dich wohl erkannt, Kumpel! Nun hackt sie außer sich vor Wut mit ihrem Schnabel auf dem Kuckuckskind herum. Wahrscheinlich hält sie es für denjenigen, der ihren Nachwuchs umgebracht hat. Adam bekommt ein schlechtes Gewissen. Aber das ist doch Unsinn! Wäre er nicht hierher entführt worden, hätte das Kuckuckskind vermutlich genau das getan, wofür es nun vom Besitzer des Nestes bestraft wird.

Adam schneidet und schneidet. Er ist gleich durch. Der Fluchtweg liegt vor ihm. Plötzlich hält er inne. Die Bewegungen des Schnabels haben aufgehört. Das Nest liegt nun ganz ruhig. Es war schon bewegungslos, als er selbst noch auf die Äste eingehackt hat. Das kann nur eines bedeuten: Das Monster weiß jetzt, dass noch jemand hier sein muss. Es hat ein paar Sekunden gebraucht, um so weit zu denken, aber nun setzt es sich in Bewegung. Endspurt! Er benutzt beide Hände, um die letzten Äste zu durchtrennen. Das oberste Glied seines Mittelfingers kippt nach oben ab, weil es an einem Dorn hängenbleibt. Egal. Adam spürt den Schmerz nicht. Er reißt seine Hand einfach los. Die Flucht ist seine einzige Chance. Sofort.

Los! Nach unten! Die allerletzten Äste reißen unter seinem Körpergewicht. Adam stürzt. Es sind fünf, sechs Meter. Er reißt die Arme nach oben, um den Kopf zu schützen, und zieht die Beine an den Unterleib. So knallt er auf das oberste Blatt der Sonnenblume. Es biegt sich unter seinem Gewicht nach außen. Adam versucht, sich festzuhalten, doch das Blatt ist zu glatt. Wenn es nach außen abknickt, stürzt er aus neunzig Metern in den Tod. Das Blatt biegt sich langsamer. Seine Zellen stemmen sich dagegen, wollen es wieder Richtung Sonne ausrichten, und nehmen Adam mit.

Das Blatt bewegt sich wieder aufwärts, und erneut gerät er ins Rutschen. Aber das ist gut. Es ist die richtige Richtung. Sein Blick richtet sich nach oben. Dort fährt ein riesiger Schnabel durch das Loch, das er hinterlassen hat. Das Monster hat den Ausgang gefunden. Es streckt den Kopf hindurch, doch das Loch ist zu klein. Es hackt und hackt, um den Flüchtigen noch zu erwischen, doch die Nestkonstruktion ist zu stabil für seine Zähne.

Adam hält sich am Stamm der Sonnenblume fest. Er ist dicht mit Haaren bewachsen und fühlt sich fast an wie ein Pelz.

»Na, du Arschloch!«, ruft er. »Ich habe dich überlistet!«

Das Monster kann ihn natürlich nicht hören. Es schiebt seinen Schnabel noch ein Stück weiter in das Loch. Jetzt sieht Adam sogar das einzelne Auge über dem Schnabel. Aber es sind bestimmt noch fünf, sechs Meter Sicherheitsabstand. Das Loch im Nest ist viel zu eng, da hat das Monster keine Chance. Doch dann reißt es den Schnabel auf, und Adam bemerkt seinen Fehler. Scheiße, dieses Monstrum hat zwar nicht ganz so scharfe Zähne, aber es kann Feuer speien! Er sieht nach unten. Das nächste Blatt ist in Sprungweite. Es sind wieder sieben, acht Meter, und das Blatt ist deutlich kleiner als das, auf dem er jetzt steht. Er muss so zielen, dass er in der Nähe des Stammes aufkommt. Hinter ihm braust etwas. Gleich wird ihn der Feuerstoß erwischen.

Adam springt. Sein Hinterkopf stößt gegen den Rand des Blattes, von dem er kommt. Der Schmerz ist zwar heftig, aber kurz. In diesem Moment erreicht er auch schon das nächste Blatt. Er kommt mit angewinkelten Knien auf. Ein Stich im rechten Bein, bestimmt sind ein paar Muskelfasern gerissen. Schnell sieht er nach oben. Wohin zielt das Monster nun? Es riecht angekokelt, aber die Sonnenblume ist wohl zu feucht, um in Brand zu geraten.

Das Monster gibt noch nicht auf. Wieder reißt es seinen hässlichen Schnabel auf. Adam sucht das nächste Blatt. Es ist rechts von ihm. Die Blätter bilden fast eine Art Treppe. Seine Fluchttreppe. *Danke, Marchenko, dass du Gott gespielt hast.* Doch es ist zu früh für Danksagungen. Das merkt Adam, als ihm heiße Tropfen auf die Schulter prallen. Was ist das? Neben ihm platscht ein ganzer Schwall Flüssigkeit zu Boden. Er landet auf dem Blatt, dem er entgegenfliegt, fast gleichzeitig mit ihm. Aber es ist kein Wasser. Wo der Schwall auftrifft, entstehen Rauchfahnen. Das Scheißmonster spuckt mit Scheißsäure nach ihm!

Aber nein, noch schlimmer. Es ist so klug, dass es nicht auf ihn zielt, sondern auf das Blatt! Schon kippt es nach außen. Adam muss springen, ohne genau zielen zu können. Er springt einfach nach rechts, als würde dort ein weiteres Blatt auf ihn warten. Wenn die Sonnenblume ihre Blätter nicht symmetrisch ausgebildet hat, hat er Pech. Doch es ist Grün, das auf ihn zukommt. Adam rollt sich filmreif ab, sodass er in Richtung Stamm kugelt. Er wusste noch nicht einmal, dass er das kann. Diesmal prüft er nicht, wie es dem Monster geht. Er sucht nur kurz nach dem nächsten Blatt und springt. Diesmal verrenkt er sich den linken Arm. Sein armer, geschundener Körper. Keine Zeit für Selbstmitleid. Adam erreicht den Stamm, sucht das folgende Blatt, und springt erneut.

Puh. Jetzt muss er dreißig Meter oder mehr zwischen sich und das Monster gebracht haben. Er sieht es nicht mehr. Ein Blatt in der Etage über ihm hat ein großes Loch, aus dem immer noch eine durchsichtige Substanz tropft. Er sollte also aufpassen, wenn er auf dieser Seite ankommt. Adam tritt an den Rand des Blattes und sieht nach unten. Der Boden ist schon viel näher gekommen. Wenn er zwischen zwei Blättern hindurchblickt, sieht er den Strand. Er ist schwarz wie überall auf diesem Planeten. Aber die sich brechenden Wellen, die gemächlich auf das Ufer zurollen, geben ihm ein Gefühl von Ruhe.

Aber dafür ist es noch zu früh. Alles schmerzt, und er hat nur das, was er am Leib trägt. Immerhin besitzt er noch die Waffe. Er tastet nach ihr. Oh nein! Die Hosentasche ist leer.

Sie muss bei einem seiner Abrollmanöver hinausgefallen sein. So ein Mist! Also hat er nicht einmal mehr eine Waffe. Aua! In der Hosentasche stecken noch zwei der scharfen Zähne. Ein Wunder, dass sie sich beim Abstieg nicht in seinen Schenkel gebohrt haben. Wenn er sich einen festen Stock sucht und sie darauf befestigt, kann er sich damit zumindest gegen kleinere Feinde zur Wehr setzen.

Eins nach dem anderen. Vielleicht hat das Monster bereits seinen Kopf aus dem Loch gezogen und kommt nun geflogen, um ihn zu töten. Er sollte sich schleunigst auf den Weg machen.

Zehn Minuten später setzt er seinen Fuß endlich wieder auf die Erde. Er lässt sich fallen. Der Boden ist warm und weich. Er küsst ihn und spuckt aus, weil er Sand in den Mund bekommen hat. Scheißromantik. Adam wankt zum Meer. Seine Haut ist an vielen Stellen aufgerissen. Er hat Schmerzen in der Hüfte und den linken Arm verstaucht. Der Arm könnte auch gebrochen sein, so dick ist er geworden. Das Blut pocht darin, aber seltsamerweise spürt er kaum Schmerzen. Seine rechte Schulter brennt. Wo die Säure aufgetroffen ist, haben sich drei große Blasen gebildet. Seine linke Mittelfingerkuppe ist locker, aber diese Blutung hat sich zum Glück von selbst gestillt. Nun geht seinem armen Körper schon das Blut zum Bluten aus. Er ist ganz schwach.

Adam sinkt in den warmen Sand und beugt sich so nach vorn, dass er das Wasser erreicht. Er wartet die nächste Welle ab und trinkt davon. Das Wasser schmeckt nach Moor und Schlamm, stillt aber seinen Durst. Adam legt sich auf den Rücken. Das Nest ist weit über ihm. Von dem Monster ist nichts zu sehen. Hat es die Verfolgung wirklich aufgegeben? Er kann es sich fast nicht vorstellen. Hätte jemand seine beiden Kinder umgebracht, würde er ihm folgen bis zum Ende der Welt. Aber das Monster ist wohl anders. Es ist natürlich kein Monster, sondern einfach nur ein Tier. Es verteidigt sein Nest gegen Eindringlinge und es macht Beute, damit es selbst und seine Kinder überleben können. Etwas zu verfolgen, das keine Gefahr mehr darstellt, ist nicht effizient, und fehlende Effizienz bestraft die Evolution mit dem Aussterben. Das Monster hat es nie persönlich gemeint.

Adam schon.

Hellnacht 20, 3970

Der Horizont im Osten färbt sich rot, als Eva aufwacht. Die Wellen sind wieder auf normale Höhe geschrumpft. Sie löst Arme und Beine. Es schmerzt wegen der Wunden, aber die Ranken geben brav nach. Sie sammelt sie wieder ein und steckt sie in die Tüte. Der Rucksack liegt auch noch an Ort und Stelle. Sie holt das T-Shirt-Segel heraus, stellt den Mast auf und hängt das Segel wieder in den Wind.

Danach erst kümmert sie sich um sich selbst. Sie untersucht ihre Wunden. Ihre Positionen an Hand- und Fußgelenken lassen an die Wundmale einer Kreuzigung denken. Sie lacht und erschrickt über ihre Stimme, die ganz rau klingt. Alles Zufall. Sie besitzt nun einmal keinen Bauchgurt, um sich damit am Floß festzubinden.

Es ist Zeit für das Frühstück. Aber erst muss sie ihr Reich inspizieren. Sie macht einen Rundgang um das Floß. Zunächst geht sie zwei Meter nach Norden. Die Bäume sind nicht näher gekommen, aber das war ja zu erwarten. Anderthalb Meter nach Osten. Ihre Hüfte schmerzt, aber das vergeht schon wieder. Zwei Meter nach Süden. Es tut gut, sich mal wieder in aufrechter Position zu bewegen. Sie streckt die Brust raus und zieht den Po ein. Anderthalb Meter nach Westen. Das Meer ist ruhig. Es wird ein heißer Tag. Sie sollte sich anziehen.

Unterwäsche, Hose und T-Shirt sind trocken geblieben. Der Rucksack ist überraschend wasserdicht. Sie schlüpft in ihre Kleidung. Als sie in die Hose steigt, spürt sie das Gewicht der Waffe in der Hosentasche. Braucht sie die? Sie ist drauf und dran, sie in den Rucksack zu packen, überlegt es sich aber doch anders. Wenn sie bei Adams Entführung schnell genug reagiert hätte … Quatsch, das Tier war riesig. Es lässt sich von einem Taser nicht ärgern. Oder vielleicht ärgert es sich doch und wird dann erst recht wütend. Aber auf diesem Planeten lauern womöglich noch ganz andere Gefahren.

Eva holt einen Fetzen Aaszahnfilet heraus und setzt sich im Schneidersitz auf das Floß. Sie will das Frühstück zelebrieren. Der nächste Tag auf dem Meer verspricht keine weitere Abwechslung.

Oder doch? Gerade hat sich in dem Objekt auf dem Baum wieder etwas bewegt. Das riesige Tier breitet die Flügel aus, schraubt sich diesmal aber nicht in den Himmel. Es fliegt in Richtung Süden. Genau auf sie zu.

Nimm dich nicht so wichtig, Eva. Bestimmt liegt das Floß nur zufällig auf dem Weg des fliegenden Biests. Es wird in großer Höhe über sie hinwegrauschen, um irgendwo an Land Beute zu schlagen. Auch wenn es ziemlich dumm wäre, den vom Zufall dargebotenen Happen zu verschmähen. Sie ist nicht wichtig. Sie ist bloß praktisch. Wäre sie selbst ein urtümlicher Vogel auf dem Weg zu seinem üblichen Jagdplatz, würde sie so eine Nussschale auf dem Meer auch untersuchen.

Eva tastet nach der Waffe. Sie ist warm von ihrer eigenen Körperwärme. Das Multifunktionsgerät hat noch immer keine Verbindung zu Marchenko. Sie befindet sich einfach zu tief unter dem Horizont. Wenn nicht zufällig das Shuttle über sie hinwegfliegt … Aber es ist kein Shuttle in Sicht. Nur das geflügelte Biest, das seinen Kurs unbeirrt beibehält.

Nach zehn Minuten hat sich daran leider immer noch nichts geändert. Zwischen Eva und dem Tier liegen vielleicht noch tausend Meter. Sie schnallt den Rucksack um. Wenn der Riesenvogel mit seinen Krallen nach ihr greift, verletzt er sie dabei wenigstens nicht. Er weiß sicher nicht zwischen einem Menschen und einem Rucksack zu unterscheiden.

Oder soll sie sich ins Meer stürzen? Das wäre nur ohne Rucksack möglich. Sie erinnert sich an die Krallen, die den Fisch aufgeschlitzt haben. Das war zwar im flachen Wasser passiert, aber woher soll sie wissen, wie tief das Biest tauchen kann? Wenn es sie nicht erwischt, wird es zumindest das Floß in die Krallen bekommen. Dann ist sie im schlimmsten Fall ganz allein auf dem Meer, ohne jede Ausrüstung, viele Kilometer von der nächsten Insel entfernt.

Nein, sie bleibt auf dem Floß. Eva kniet sich hin, neigt den Kopf und schiebt den Rucksack so zurecht, dass er ihren Körper schützt. Von vorn kommt ein Rauschen. Sie sieht starr auf die Stämme des Floßes. Angstschweiß bricht aus. Und plötzlich schwebt sie. Das Biest hat keinen Laut von sich gegeben, als es ihren Rucksack gepackt hat. Sie hängt in den Gurten wie ein zappelnder Käfer. Hoffentlich halten sie. Links und rechts von ihr schlagen lederne Flügel.

Auf einmal schraubt sich das Biest doch in die Höhe. Hätte es nicht viel eher auf diese Idee kommen können? Oder will es sie bloß aus besonders großer Höhe abwerfen? Nein, das ist Unsinn. Es hat Energie investiert, um sie zu schnappen. Nun muss es sie fressen, um aus dem Aufwand neue Energie zu generieren. Das ist die Logik der Natur.

Wie hoch werden sie inzwischen sein? 1500, 2000 Meter? Eva kann die Küste des Meeres erkennen. Dort ist sie hergekommen. Im Lager wartet Marchenko auf ihre Nachricht. Ha! Sie nimmt das Handgelenk mit dem Multifunktionsgerät vor den Mund. Dann aktiviert sie die Funkverbindung.

»Marchenko, bitte kommen.«

»Eva, bist du das? Ich bin ja so froh …«

»Bitte hör mir zu. Du findest mich wahrscheinlich mitten im Meer, im Nest eines fliegenden Biests, auf einem riesigen Baum. Es muss nördlich sein, mehr weiß ich nicht.«

»Was ist mit dir? Du klingst durcheinander.«

»Merk dir, was ich gesagt habe. Die Verbindung wird gleich wieder abbrechen.«

Keine Antwort. Der Vogel ist in einen Sturzflug übergegangen. Der Wind peitscht in Evas Gesicht. In rasendem Tempo nähern sie sich der Oberfläche. Da ist ja auch schon die Insel! Das Biest will sie bestimmt in sein Nest schleppen. Eva sieht es schon. Es liegt so weit oben! Von dort aus wird sie keine Chance haben, je wieder den Erdboden zu erreichen.

Was ist das? Von unten ertönen Schreie. Die Fauna dieses Planeten gibt doch gar keine Töne von sich. Ist das … Adam?

Hellnacht 20, 3970

Die Insel ist verdammt klein, und es gibt keine Möglichkeit, von hier wegzukommen. Adam ist sie jetzt schon dreimal komplett abgelaufen. Obwohl er sich stets im Schatten gehalten hat, damit das Monster ihn nicht entdeckt, hat er nie länger als fünfzehn Minuten gebraucht. Er hat den Horizont in allen Himmelsrichtungen untersucht. Nichts. Er kann doch nicht auf Verdacht irgendwo hinschwimmen?

Aber im Süden scheint sich jetzt etwas zu tun. Aus großer Höhe kommt etwas herab. Das kann nur das Monster sein. Es nimmt Kurs auf die Insel. Adam versteckt sich im Gebüsch am Ufer und beobachtet es. Schon bald bemerkt er, dass das Monster sich neue Beute geholt haben muss. Sie zappelt in seinen Krallen. Adam zählt vier Beine. Die hinteren sind etwas länger als die vorderen. Auf dem Rücken trägt die Beute eine dicke Schale.

Scheiße. Das ist ein Rucksack, und die Beute ist seine Schwester. Will das Monster sie in sein Nest bringen, um sie dort zu verspeisen? Oder spielt es vorher noch ein bisschen mit ihr? Es hatte ein paar frustrierende Tage und braucht bestimmt etwas, um ein bisschen Wut ablassen zu können.

Nicht mit Eva. Adam kriecht aus dem Gebüsch, macht sich möglichst groß und winkt mit beiden Armen. Es funktioniert. Das Monster ändert seinen Kurs. Es zielt nicht mehr auf das Nest, sondern auf das Ufer. Ein zweiter Happen zum Frühstück, wird es denken. Wie verhindert er, dass es so kommt? Er tastet nach der Waffe. Mist, sie ist ja weg! Die beiden Zähne hat er auf einen Knüppel montiert, aber damit wird er gegen das Monster nichts ausrichten können. Trotzdem schwenkt er ihn drohend.

Das Monster reißt seinen Schnabel auf. Oh, oh. Es muss ihn erkannt haben. Er gilt nicht mehr als Nahrung. Er ist ein Feind, und Feinde bekämpft es mit Feuer und Säure. Adam springt in den nächsten Busch, hält aber nicht an und rennt weiter. Gegen diese Waffen kann er nichts ausrichten. Aber der Feuerstrahl bleibt aus. Heftig mit den Flügeln schlagend, schwebt das Monster in der Luft und dreht sich dabei langsam um seine Achse. Es sucht nach ihm, vermutlich nach seinem Geruch. Adam beobachtet es im Liegen.

Plötzlich stürzt Eva herab. Sie muss die Gurte des Rucksacks gelöst haben. Es sind vielleicht vierzig Meter bis zur Wasseroberfläche. Das Monster bemerkt zunächst nichts, denn den Rucksack hält es ja noch immer fest in den Krallen. Doch dann schafft Eva es, sich im Flug zu drehen. Adam sieht, wie sie ihren rechten Arm ausstreckt. Was hat sie da in der Hand? Ihre Waffe? Das Monster bewegt sich nun wieder. Es kippt auf die Seite. Sein rechter Flügel scheint keine Kraft mehr zu haben. Eva muss die Muskeln mit dem Taser getroffen haben. Das Monster lebt noch und ist bei Bewusstsein, aber gegen die Schwerkraft hat es mit nur noch einem Flügel keine Chance. Es stürzt ins Meer. Wasser spritzt, dann versinkt es darin.

Adam rennt zum Strand. Er kommt gerade in dem Moment an, als Eva aus der Brandung auftaucht. In klitschnassen Sachen läuft sie auf ihn zu und schwenkt die Waffe.

»Ich habe das Biest erwischt«, jubelt sie.

Dann fallen sie sich in die Arme.

Hellnacht 21, 3970

»Erzähl noch mal, wie du das Biest abgeschossen hast«, sagt Ragnor.

Adam lächelt. Dieser Teil der Geschichte gefällt dem jungen Grosnopf am besten. Er sitzt hinter ihm in der dritten Reihe. Das Shuttle ist unterwegs zur Majestätischen Dracht.

»Ich habe abgewartet, bis ich das Gelenk seines rechten Flügels im Visier hatte«, sagt Eva, »und dann habe ich abgedrückt.«

»So schlau! Die Waffe hätte nie und nimmer das ganze Tier paralysieren können«, sagt Ragnor. »Aber so hast du seine verwundbarste Stelle getroffen.«

»Das hätte uns aber auch nicht viel geholfen, wenn ihr nicht mit dem Shuttle gekommen wärt«, sagt Adam. »Das Monster war doch schon wieder an den Strand gekrochen und wollte gerade wieder Jagd auf uns machen. Da hätte es der Taser nur gekitzelt.«

»Ein Glück, dass Eva so geistesgegenwärtig war, sich aus der Höhe bei Marchenko zu melden«, sagt Ragnor.

Adam kratzt sich am Kinn. Bei dieser Geschichte erscheint ihm Eva doch ein bisschen zu sehr als die Heldin, die alles entschieden hat.

»Und was ist mit seiner spektakulären Flucht aus dem

Nest?«, fragt er. »Willst du die Geschichte nicht noch einmal hören, Ragnor?«

»Ich habe noch eine Frage dazu«, sagt Eva.

»Wie ich es geschafft habe, von Blatt zu Blatt zu springen? Das war …«

»Nein, ich frage mich, wieso die Sonnenblumen überhaupt gewachsen sind«, sagt Eva.

»Ich hatte eben Glück. In der Nähe des Stammes muss es guten Mutterboden gegeben haben.«

»Marchenko hat die Samen aber so verändert, dass sie nur unter Anwesenheit von Kaliumpermanganat wachsen können, um die Ökologie des Planeten nicht zu gefährden«, sagt Eva.

»Das stimmt«, sagt Marchenko. »Ich fürchte, ich habe da einen Fehler begangen. Die planetare Chemie ist noch so jung, dass meine Pflanzen wohl überall genug von dem finden, was sie brauchen.«

»Könnte das in der Zukunft zum Problem werden?«, fragt Eva.

»Ich hoffe nicht«, sagt Marchenko.

»Shuttle an Dracht, bitte melden«, sagt Marchenko.

»Dracht an Shuttle, bitte den zugewiesenen Kopplungsstutzen benutzen«, sagt eine Stimme in menschlicher Sprache, die nach Automatik klingt.

Numbark und Murnaka sind gar nicht mehr zurück auf die Oberfläche des Planeten gekommen. Die Grosnopfe scheinen plötzlich jedes Interesse daran verloren zu haben.

»Warum brechen wir die ganze Mission hier nun eigentlich so plötzlich ab?«, fragt Adam. »Ich hatte mich gerade mit der Natur angefreundet.«

Er betrachtet seinen verbundenen Mittelfinger. Seine Schulter schmerzt, und seinen Arm kann er auch noch nicht wieder richtig bewegen. So richtig böse ist er gar nicht, dass sie den Planeten verlassen. Ihm graut nur vor der Vorstellung, wieder in den Schlafbehälter klettern zu müssen.

»Der Planet ist für die Grosnopfe wertlos, weil es nicht genug Salz in seinen Meeren gibt«, erklärt Marchenko. »Das brauchen sowohl ihre Eier als auch die Jungen, um heranzureifen.«

»Sie hätten doch nachsalzen können«, sagt Adam.

»Dazu wären riesige Mengen nötig gewesen. Und man hätte damit das hiesige Leben aus dem Gleichgewicht gebracht. Dieser Planet braucht einfach noch ein paar Milliarden Jahre, dann salzen sich die Meere von selbst.«

»Und deine Experimente?«, fragt Eva.

»Waren erfolgreich«, erklärt Marchenko. »Von dem kleinen Fehler abgesehen. Aber ihr habt doch selbst gesehen, was aus den Sonnenblumen geworden ist.«

»Ich frage mich bloß, worin ihr Sinn besteht«, sagt Eva.

»Ich habe bewiesen, dass irdisches Leben sich hier durchsetzen könnte. Das ist natürlich nur ein Beispiel, aber es stützt meine Idee, dass das Leben sich über Lichtjahre hinweg ausbreiten kann.«

»Ein schwacher Beweis. Du hast es ja selbst genetisch verändert. Das war nicht die Evolution.«

»Ja, Eva. Es ist ein Indiz, mehr nicht. Ich muss erst … egal. Das wird nicht der letzte Planet sein, den wir besuchen.«

»Aber was willst du denn, Marchenko?«

»Ich will … Ich kann es schwer erklären. Ich glaube, ich suche meinen Schöpfer.«

»Den Mann, der uns auf diese Reise geschickt hat?«

»Nein, Eva, der ist längst tot. Ich folge der Spur des Lebens. Dann werde ich ja sehen, wohin sie führt.«

Diese Schwafelei geht Adam auf die Nerven. Hoffentlich bekommt er selbst nie solche Anwandlungen.

»Dann ist die Erde also unser nächster Stopp?«, fragt er.

Adam fürchtet sich ein wenig davor. Er hat in seinem Leben erst wenige Menschen kennengelernt. Und dort soll es Milliarden davon geben.

»Nein, Adam«, sagt Marchenko. »Wir haben eine Nachricht erhalten, der wir zuerst nachgehen müssen.«

»Ah, noch ein Marchenko?«, fragt Adam.

»Nein, sie kommt von einem gewissen Olom.«

»Noch nie gehört, diesen Namen.«

»Er behauptet, er wäre ein Mansch.«

»Ein Mensch?«

»Nein, ein Mansch«, sagt Marchenko.

»Im Ernst? Sehr seltsam«, sagt Adam.

»Eben. Deshalb fliegen wir erneut einen kleinen Umweg.«

Dunkelnacht 56, 4880

Die Brahme breitet die Flügel aus. Die Duftspur ihrer Kinder war heute schon von weitem zu riechen gewesen, deshalb verzichtet sie auf das Kreisritual. Ein letzter, kräftiger Schlag mit den Flügeln, und ihre Krallen schließen sich um den Rand des Nestes. Der Hungerduft ist stark. Vielleicht liegt es am Wetter. Seit zwei Sonnen hat der Wind sich nicht mehr gerührt.

Aber etwas stimmt nicht. Ihre Landung war im gesamten Nest zu spüren gewesen. Trotzdem ist von ihren beiden Söhnen nichts zu sehen. Sie war so stolz auf sie gewesen! Zwei Söhne aus drei Eiern, das hat ihr viel Anerkennung bei den Alten eingebracht. Normalerweise muss eine Brahme zehn Sommer lang Eier legen, um überhaupt einen Sohn darin vorzufinden.

Natürlich ist ihr der Grund dafür klar. Söhne arbeiten nicht. Ihre einzige Aufgabe im Leben ist es, Brahmen zu befruchten. Würden zu viele Söhne geboren, könnte das eine Hungersnot zur Folge haben. Trotzdem ist es eine große Ehre, einen Sohn zur Reife führen zu dürfen.

Aber was ist hier los? Die Brahme wechselt von einem Bein auf das andere und zurück und setzt so das Nest in Bewegung. Keine Antwort. Es wird doch keinen Angriff eines Klettergeifers gegeben haben? Die Insel, auf der sie leben, gilt als geiferfrei, doch manchmal erreichen einzelne Exemplare schwimmend den Strand. Hätte sie doch vor der Jagd noch einen Kontrollflug eingeschoben!

Die Brahme nickt mit dem Schnabel. Dabei läuft etwas von dem Fischbrei heraus, den sie für ihre Söhne vorbereitet hat. Sie springt vom Rand ins Nest und marschiert in dessen Mitte. Es ist unangenehm, sich auf zwei Beinen fortzubewegen. Sie kommt sich wie einer der Zweibeingeister vor, die nach den Sagen ihres Volkes vor langer Zeit ihre Welt besucht haben sollen. Eigentlich glaubt sie nicht an Geister. Wer weiß, wie diese Sagen wirklich entstanden sind.

Plötzlich fällt ihr etwas auf den Rücken. Sie spürt eine spitze Waffe, die sich in die ledrige Haut bohrt. Die Brahme gibt einen Schwall Ärgerduft ab. Dann wischt sie den Angreifer mit dem rechten Flügel zu Boden. Es ist ihr Sohn, der ältere natürlich. Er hat nur Schabernack im Bauch. Jetzt wirft er sich in einer Unterwerfungsgeste zu Boden. Sie dreht ihn mit dem Schnabel um und kitzelt seinen Bauch.

Willkommensduft kündigt ihren zweiten Sohn an. Er hat bei diesem Streich bestimmt nur mitgemacht, um seinem älteren Bruder zu imponieren. Auch er unterwirft sich nun. Doch der Hungerduft scheint nicht besonders stark zu sein. Die Brahme reißt ihm den Schnabel auf und überzeugt sich in seinem Kropf. Ihr Sohn hat schon wieder Kerne gegessen. Kerne sind eine Seuche. Sie senden einen nahrhaften Duft aus. Wer sie isst, wird gesättigt, doch das Gefühl ist nicht von Dauer. Es heißt, die Kerne wären die Nahrung der Götter, und Sterbliche, die sie stehlen, müssten sterben.

Die Brahme wühlt mit ihrer Zunge im Kropf des Sohnes, bis sie ihn geleert hat. Dann würgt sie die Hälfte des Fischbreis aus ihrem eigenen Kropf hoch und flößt ihn ihrem Sohn ein. Sie wiederholt die Prozedur beim älteren Sohn, nicht ohne eine weitere Wolke Ärgerduft abzugeben. Wenn sie ihren Söhnen erlaubt, von den Kernen zu essen, werden sie abmagern und sterben. Es wäre nicht das erste Mal.

Sie würgt den letzten Rest Fischbrei aus. Dann hüpft sie wieder zum Rand des Nestes. Die Gewächse, die die Kerne produzieren, sind überall zu sehen. Als sie selbst aus dem Ei geschlüpft ist, gab es auf dieser Insel noch keine einzige dieser Pflanzen. Aber ein einzelner Kern reicht, um ein neues Exemplar sprießen zu lassen. Sie muss mit den Alten sprechen. Irgendwie müssen sie dieser Seuche Herr werden, oder die Brahmen werden aussterben.

Nachwort

Liebe Leserinnen und Leser,

Marchenko, Adam und Eva haben mich zu einer kleinen Umleitung überredet. Ich bin da ziemlich machtlos, wenn meine Protagonisten sich etwas in den Kopf gesetzt haben. Aber ich glaube, der Abstecher zu Epsilon Eridani hat sich gelohnt. Ich merke das stets schon beim Schreiben, und so ist es kein Wunder, dass dieser Band der längste der ganzen Serie geworden ist. Ich wollte schon immer einmal eine so junge Welt beschreiben, die derart reich an exotischem Leben ist. Wer sagt denn, dass Kommunikation sich immer über Geräusche abspielen muss? Wie würde das Leben aussehen, müssten wir alle nach unseren Nasen gehen statt nach unseren Augen? Vermutlich deutlich leckerer. Die Duftindustrie wäre wichtiger als die Bekleidungsbranche. Wir würden uns anziehen, um nicht zu frieren, und uns einsprühen, wie es die Mode verlangt. Im Grunde war alles ein großer Zufall, dass die Evolution das Leben so hervorgebracht hat, wie wir es erleben.

Im nächsten Band der Serie verlassen wir die Majestätische Dracht und treffen Olom. Er lebt auf einem Planeten, auf dem jedes Lebewesen über Intelligenz verfügt. Jedes. Was Marchenko, Adam und Eva dort erleben? Sie werden es lesen, und zwar etwa Ende Mai. Hier können Sie das Proxima-Logbuch 6 vorbestellen:

hardsf.de/links/1714058

Vorher steht »Die Bake« auf dem Plan, die in der

nächsten Zukunft spielt, noch vor »Die dunkle Quelle«. Ich bin selbst schon gespannt. Auch dafür noch der Vorbestelllink:

hardsf.de/links/1680683

Ansonsten bleibt mir nur noch, Ihnen dafür zu danken, dass Sie meine Bücher lesen. Ich freue mich immer schon beim Schreiben auf Ihre Reaktion. Vielleicht mögen Sie sie ja auch in Form einer Rezension veröffentlichen. Die Sternchen sind immens wichtig, damit ein Buch seine Leserinnen und Leser finden kann.

Klicken Sie hier:

hardsf.de/links/1548308

Wie immer gilt natürlich, dass Sie über hardsf.de/fortsetzung eine bebilderte Version der folgenden Biografie bestellen können. Wollen Sie sehen, wie Epsilon Eridani in Wirklichkeit aussieht? Viel Spaß dabei!

Ich verabschiede mich damit bis zum nächsten Buch

Ihr *Brandon Q. Morris*

facebook.com/BrandonQMorris

patreon.com/hardsf

youtube.com/HardSF

amazon.com/author/brandonqmorris

instagram.com/brandonqmorris

Bücher von Brandon Q. Morris

Die dunkle Quelle

Nach zwölf Jahren Funkstille empfangen Wissenschaftler plötzlich Informationen vom Kometen 67P. Der Lander, der dort abgesetzt wurde, galt eigentlich als defekt. Seine rätselhaften Botschaften beschäftigen bald Forscher in aller Welt. Von ihren zunächst sensationellen, dann aber beängstigenden Erkenntnissen motiviert, entschließt sich die NASA, ein bemanntes Raumschiff zu dem Kometen zu schicken.

Doch die Verbindung zu den drei Astronauten bricht ab – und niemand kann die dunkle Gefahr, die auf die Erde zukommt, jetzt noch stoppen …

3,99 € – hardsf.de/links/1090402

Amphitrite

Seit Jahren suchen Astronomen nach einem Planeten jenseits der Neptunbahn. Immer wieder finden sie Indizien – aber der schlagende Beweis, die Beobachtung, schlägt fehl.

Die vier Astronauten an Bord der Ganymed Explorer suchen keinen wissenschaftlichen Ruhm. Sie brauchen nichts weiter als einen sicheren Unterschlupf, so weit von jeglicher Zivilisation entfernt wie nur möglich. Dass ausgerechnet sie einen bisher unbekannten Planeten aufspüren, erscheint ihnen praktisch. Neugierig, geradezu freudig landen sie; Angst zu haben kommt ihnen nicht in den Sinn.

Denn sie wissen noch nicht, was sie da

gefunden haben: Amphitrite ist kein gewöhnlicher Himmelskörper. Es ist der schwarze Planet.

3,99 € – hardsf.de/links/1305827

Die Störung

Weiter als die vier Astronauten der Shepherd-1 ist noch nie jemand ins All vorgestoßen. Das Ziel ihrer Mission: die Entstehung des Kosmos zu beobachten. Ein Schwarm von Sonden soll so ausgerichtet werden, dass mit Hilfe der Sonne als Linse der Moment des Urknalls sichtbar wird.

Für die Astronomin Christine geht damit ein Traum in Erfüllung. Um so größer ist die Enttäuschung, als über den ersten Bildern ein Schleier liegt, der jede Erkenntnis verhindert. Wie besessen arbeitet sie an einer Lösung, doch als es ihr tatsächlich gelingt, den Schleier zu lüften, sieht sie etwas, das besser verborgen geblieben wäre …

14,99 € – hardsf.de/links/1107664

Proxima Rising (Proxima 1)

Gegen Ende des 21. Jahrhunderts erreicht die Erde ein Hilferuf vom sonnennächsten Stern Proxima Centauri. Ein Strahlungsausbruch droht, die dortige Zivilisation zu vernichten. Die Menschheit ist ratlos, denn Hilfe zu leisten scheint technisch unmöglich. Einem russischen Milliardär gelingt es trotzdem, mit nicht ganz legalen Mitteln ein bemanntes Raumschiff auf die lange Reise zu schicken. Vor der ungewöhnlichen Crew steht eine übermenschliche Aufgabe. Erst recht, weil die Besatzungsmitglieder nicht mit dem rechnen, was der fremde Planet für sie bereithält.

3,99 € – hardsf.de/links/526922

Mars Nation 1

Endlich hat es die NASA geschafft: Der erste Mensch hat soeben seinen Fuß auf die Oberfläche unseres Nachbarplaneten gesetzt. Damit beginnt ein langer Forschungsaufenthalt, für den die Wissenschaftler ins All geschickt wurden.

Doch die vier Astronauten der Mars-Expedition sind nicht die einzigen mit diesem Reiseziel: Die durch Spenden finanzierte Initiative »Mars für Alle« zieht es ebenfalls auf den roten Planeten – die zwanzig Männer und Frauen möchten dort sesshaft werden und die erste Siedlung auf dem Mars gründen. Schon der Anfang birgt Schwierigkeiten: Das Raumschiff der MfA-Organisation, das kurz nach der NASA eintreffen soll, havariert im Orbit. Nur die vier NASA-Astronauten können jetzt noch helfen und versuchen, die Leben zu retten. Dabei ahnen sie nichts von der unvorstellbaren Katastrophe, die sich hinter ihrem Rücken anbahnt - und die ihre Existenz grundlegend in Frage stellt. Ganz zu schweigen von den alltäglichen Tücken, die ein Aufenthalt auf einem fremden Planeten mit sich bringen kann. Es beginnt ein Kampf um begrenzte Ressourcen, menschlichen Zusammenhalt und das nackte Überleben.

3,99 € – hardsf.de/links/527010

Einschlag: Titan

Vor 250 Jahren hat sich die Menschheit zum großen Teil selbst zerstört. Ein versprengter Haufen von Forschern und Astronauten hat kurz vorher auf dem Saturnmond Titan eine neue Heimat gefunden – und überlebt, indem sich ihre Nachfahren der lebensfeindlichen Umgebung genetisch angepasst haben. Die Titanier, wie sie sich nennen, sind stolz auf die faire Gesellschaft, die sie sich aufgebaut haben, und weinen der alten, langsam wiedererstarkenden Heimat nicht hinterher. Doch dann löst sich aus dem Asteroidengürtel ein 30 Kilometer großer Gesteinsbrocken und nimmt Kurs auf die Erde. Für deren Bewohner muss es so aussehen, als ob das tödliche Bombardement von Titan aus gestartet wurde. Können die Titanier den Einschlag noch verhindern?

3,99 € – hardsf.de/links/733807

Das Triton-Desaster

Nick hält zwar den offiziellen Weltrekord für Starts ins All, aber eigentlich reizt ihn sein Astronauten-Job schon lange nicht mehr. Erst, als seine Frau ihn verlässt, ändert er sein Leben. Er geht auf das verlockende Angebot eines russischen Milliardärs ein: Wenn er eine simple Reparatur auf dem Neptun-Mond Triton übernimmt, ist er bei seiner Rückkehr mehrfacher Millionär und kann sich als Winzer in Kalifornien zur Ruhe setzen. Den Flug wird er allein unternehmen, und er dauert immerhin vier Jahre, doch das stört ihn nicht. Menschen mag er sowieso nicht besonders. Sein Auftraggeber verschweigt ihm allerdings etwas, das ihn sein Leben kosten könnte - und die Menschheit ihre Existenz ...

3,99 € – hardsf.de/links/680494

The Wall: Ewiger Tag

Judith Rosenberg, Kapitänin des Raumschiffes ARES, steht unter Druck. Nachdem die Vorgängermission abgestürzt ist, soll sie die ersten Menschen auf dem Mars absetzen. Maxim Gontscharow hat derweil mit anderen Problemen zu kämpfen. Er leitet den Aufbau einer internationalen Mondbasis am Südpol des Mondes, wo die Sonne fast immer scheint. Doch seiner Crew gehen langsam die Ressourcen aus. Die Menschheit scheint das Interesse am Mond verloren zu haben. Als die ARES auf einen interstellaren Besucher stößt, klären die Forscher auf dem Mond seine wahre Natur auf: eine Entdeckung mit furchtbaren Folgen, wie Judith und Maxim fast gleichzeitig feststellen müssen ... The Wall: Ewiger Tag schildert ein schicksalhaftes Ereignis, das das Sonnensystem und all seine Bewohner verändert. Doch jedes Schicksal besitzt zwei Seiten. In The Wall: Ewige Nacht von Joshua Tree lernen Sie die andere Seite kennen.

3,99 € – hardsf.de/links/618875

Der Untergang des Universums

Milliarden Jahre lang hat sich die unsterblich gewordene Menschheit in der ganzen Galaxis ausgebreitet. Ihre größte Enttäuschung liegt darin, dass sie keine andere vernunftbegabte Spezies gefunden hat. Jetzt aber steht die Menschheit selbst vor dem Untergang, denn das Universum stirbt einen langsamen Tod. Ihre einzige Hoffnung liegt deshalb im »Rettenden Projekt«. Es soll das Schwarze Loch im Zentrum der Milchstraße in einen Quasar verwandeln, um den Menschen auch in ihren letzten Atemzügen genug Energie zu liefern. Doch dann geschieht etwas, das niemand erwartet hätte – und die Menschheit muss sich und ihre Existenz in völlig neuem Licht betrachten.

4,99 € – hardsf.de/links/527019

Clouds of Venus

Die Venus ist ein lebensfeindlicher Planet, bedeckt von aktiven Vulkanen. Trotzdem startet die NASA eine Expedition, die nach Leben suchen soll, denn die dichten Wolken der heißen Schwester der Erde könnten dafür gute Bedingungen bieten. Ein speziell entwickeltes Airship dient den vier Astronauten als Forschungsplattform. Doch dann entdecken sie auf der glühenden Oberfläche gefährliche Aktivitäten, für die es nur eine Erklärung geben kann: Dort muss eine hoch entwickelte Lebensform am Werk sein.

3,99 € – hardsf.de/links/527016

Helium-3: Kampf um die Zukunft

Das System ist ideal. Vier Gasriesen bieten die einmalige Chance, genug des seltenen Helium-3 abzubauen, um das Überleben ihrer Spezies zu sichern. Dafür haben sie eine lange und gefährliche Reise auf sich genommen – eine Expedition ohne Wiederkehr. Doch dann müssen sie feststellen: Sie sind nicht allein! Die Anderen sind genauso auf die wertvolle Ressource angewiesen wie sie – aber sie sind so grundverschieden, dass eine Verständigung aussichtslos erscheint. Alles, was bleibt, ist ein Kampf auf Leben und Tod – und um die Zukunft…

3,99 € – hardsf.de/links/527009

The Hole

Ein mysteriöses Objekt droht, unser Sonnensystem zu zerstören. Obwohl das Überleben der Menschheit auf dem Spiel steht, nimmt niemand die Entdeckung der jungen Astrophysikerin Maribel Pedreira ernst. Währenddessen schürft an der Grenze unseres Sonnensystems eine eingeschworene Crew von Außenseitern auf einem Asteroiden nach seltenen Erzen – bis sich herausstellt, dass sie die Letzten und die Einzigen sind, die unsere Welt vielleicht noch retten können.

Denn The Hole rast unerbittlich auf die Sonne zu.

3,99 € – hardsf.de/links/526925

Silent Sun

Verhält sich die Sonne anders als vergleichbare Sterne? Als Astronomen auf Teleskopbildern eine seltsame Entdeckung machen, scheinen sie eine Erklärung für das Rätsel der Sonne gefunden zu haben. Was genau es ist, kann jedoch nur eine erfahrene Crew herausfinden. Vier Menschen machen sich auf den Weg und wissen genau: Was vor ihnen liegt, ist nicht nur bedeutsam für die Vergangenheit, sondern vor allem auch für die Zukunft der gesamten Menschheit.

3,99 € – hardsf.de/links/526991

Der Riss

Quer durch den Himmel verläuft ein Riss. Er ist über Nacht entstanden. Jeder Mensch kann ihn sehen, aber die Physiker verzweifeln, weil sie keinerlei Signale empfangen. Der Riss besteht buchstäblich aus Nichts. Zunächst scheint keine Gefahr von ihm auszugehen, doch dann passiert etwas, das die schlimmsten Befürchtungen der größten Pessimisten weit übertrifft.

3,99 € – hardsf.de/links/527001

Enceladus (Eismond 1)

Im Jahre 2031 finden Forscher in den Signalen einer Roboter-Sonde, die den Saturnmond Enceladus studiert, eindeutige Spuren biologischer Aktivität. Beweise für außerirdisches Leben – eine Weltsensation. Fünfzehn Jahre später macht sich ein eilig dafür gebautes, bemanntes Raumschiff auf die weite Reise zum Ringplaneten. Der Crew stehen nicht nur schwierige siebenundzwanzig Monate bevor: Falls sie es

ohne Zwischenfall bis zum Enceladus schafft, muss sie mit einem Bohrschiff den Eispanzer des Mondes durchdringen. Denn Leben kann nur am Grunde des ewig dunklen Salz-Ozeans existieren, der sich vor Milliarden Jahren in der Schale des Eismondes gebildet hat, sagen die Astrobiologen. Doch schon kurz nach dem Start macht eine Katastrophe ein glückliches Ende des Abenteuers höchst unwahrscheinlich.

2,99 € – hardsf.de/links/526930

Eismond - der Sammelband (Eismond 1-4)

Der Sammelband enthält die vier aufeinander aufbauenden Romane »Enceladus«, »Titan«, »Io« und »Enceladus – die Rückkehr«. Hinweis: »Enceladus«, das erste Buch der Reihe, ist hier in einer speziellen Version enthalten, die einer chronologischen Erzählweise folgt und einige zusätzliche Szenen bietet.

9,99 € – hardsf.de/links/526924

Die neue Biografie von Epsilon Eridani

Epsilon Eridani (ε Eridani) ist ein Stern im südlichen Sternbild Eridanus. Er trägt seit einigen Jahren auch den Eigennamen Ran. In einer Entfernung von 10,5 Lichtjahren von der Sonne hat er eine scheinbare Helligkeit von 3,73. Er ist der drittnächste Einzelstern oder das drittnächste Sternensystem, das mit bloßem Auge sichtbar ist.

Der Eridanus gehört zu den 48 Sternbildern der antiken Astronomie, die bereits von Ptolemäus beschrieben wurden. In der griechischen Mythologie war er ein Fluss, der den Wassern des Aquarius entsprang. Eine Sage bringt ihn mit Phaeton, dem Sohn des Sonnengottes Helios, in Verbindung. Als Phaeton eines Tages den Himmelswagen seines Vaters übernahm, kam es zur Katastrophe. Der von Rössern gezogene Wagen, der die Sonne trug, geriet außer Kontrolle. Er kam der Erde zu nahe, verbrannte den Norden Afrikas und färbte die Haut der dort lebenden Menschen dunkel. Der erzürnte Zeus tötete Phaeton mit einem Blitzschlag. Das Sternbild Eridanus sollte ursprünglich den Weg darstellen, den der Himmelswagen während dieser Fahrt nahm. Später sah man darin den Fluss, in den der tote Phaeton stürzte.

Epsilon Eridani könnte ein Mitglied der Ursa Major Moving Group sein, einer Gruppe von Sternen, die sich auf einem ähnlichen Weg durch die Milchstraße bewegen, was auf einen gemeinsamen Ursprung dieser Sterne in einem offenen Sternhaufen schließen lässt. Sein nächster Nachbar, das Doppelsternsystem Luyten 726-8, wird in etwa 31.500 Jahren sehr nah an Epsilon Eridani herankommen. Sie werden dann nur noch etwa 0,93 Lichtjahre voneinander entfernt sein.

Seine Eigenschaften

Mit einer Entfernung von 10,5 Lichtjahren ist Epsilon Eridani der 13. nächstgelegene bekannte Stern (und der neuntnächste Einzelstern) zur Sonne. Seine Nähe macht ihn zu einem der am besten untersuchten Sterne seines Spektraltyps. Bei einer Deklination von -9,46° kann Epsilon Eridani zu geeigneten Jahreszeiten von einem Großteil der Erdoberfläche aus gesehen werden. Nur nördlich von 80° nördlicher Breite ist er dauerhaft unter dem Horizont verborgen. Die scheinbare Helligkeit von 3,73 erschwert es, ihn von einem städtischen Gebiet aus mit bloßem Auge zu beobachten.

Der Stern ist etwas kleiner als unsere Sonne. Er hat eine geschätzte Masse von 0,82 Sonnenmassen und einen Radius von 0,74 Sonnenradien. Seine Leuchtkraft liegt nur bei etwa einem Drittel der Leuchtkraft der Sonne. Die geschätzte effektive Temperatur beträgt 5.084 K (zum Vergleich: bei der Sonne sind es 5.778 K). Mit einer stellaren Klassifikation von K2 V ist er der zweitnächste K-Typ-Hauptreihenstern (nach Alpha Centauri B). Seit 1943 dient das Spektrum von Epsilon Eridani als einer der stabilen Ankerpunkte, nach denen andere Sterne klassifiziert werden. Seine Metallizität, der Anteil der Elemente, die schwerer als Helium sind, ist etwas geringer als bei der Sonne.

Die Leuchtkraftklasse V (Zwerg) wird Sternen zugeordnet, die in ihrem Kern eine thermonukleare Fusion von Wasserstoff durchlaufen. Bei einem Hauptreihenstern vom K-Typ wird diese Fusion durch die Proton-Proton-Kettenreaktion dominiert, bei der eine Reihe von Reaktionen vier Wasserstoffkerne effektiv zu einem Heliumkern verbindet. Die durch die Fusion freigesetzte Energie wird vom Kern durch Strahlung nach außen transportiert, was zu keiner Nettobewegung des umgebenden Plasmas führt. Außerhalb dieses Bereichs, in der Hülle, wird die Energie durch Plasmakonvektion zur Photosphäre getragen, wo sie dann in den Weltraum abstrahlt.

Zum Vergleich: Die Sonne ist ein G2-Stern, was bedeutet, dass sie eine hohe Temperatur für einen G-Stern aufweist. Die Einteilung reicht dabei von 0-9, wobei 9 die niedrigste Temperatur der Klasse ist. Außerdem gibt es Leuchtkraftklassen, eine Skala von römischen Zahlen von I bis V, die die Größe und Leuchtkraft des Sterns angeben. I ist ein Überriese, V ist ein Hauptreihenstern. Wenn man Leuchtkraft und Spektralklasse in ein Hertzprung-Russel-Diagramm einträgt, zeigt sich, dass Epsilon Eridani zusammen mit der großen Mehrheit der Sterne in der Hauptreihe auftaucht.

Die Zugehörigkeit zur K-Klasse ist aber keineswegs eine Garantie für einen kleinen, leuchtschwachen Stern. Viele Riesensterne wie Aldebaran und Arcturus gehören zu dieser Klasse. Arcturus etwa ist ein K1,5 III-Stern mit dem 25-fachen Radius der Sonne und der 115-fachen Leuchtkraft.

Epsilon Eridani hat eine höhere magnetische Aktivität als die Sonne, und daher verhalten sich die äußeren Teile seiner Atmosphäre (die Chromosphäre und Korona) dynamischer. Die durchschnittliche Magnetfeldstärke von Epsilon Eridani über die gesamte Oberfläche ist mehr als vierzigmal so groß wie bei der Sonne. Ähnlich wie bei unserem Stern vollzieht sich die Aktivität in Zyklen, und zwar von 2,95 und 12,7 Jahren.

Das hohe Maß an chromosphärischer Aktivität, das starke Magnetfeld und die relativ schnelle Rotationsrate von Epsilon Eridani sind charakteristisch für einen jungen Stern. Man schätzt, dass Epsilon Eridani zwischen 200 Millionen und 800 Millionen Jahre alt ist. Das ist ein gewisser Widerspruch zur geringen Häufigkeit schwerer Elemente, die normalerweise auf einen älteren Stern hindeutet. Das interstellare Medium (aus dem sich Sterne bilden) wird ja ständig mit schwereren

Elementen angereichert, die von älteren Generationen von Sternen produziert werden. Diese Anomalie könnte durch einen Diffusionsprozess verursacht werden, durch den sich einige der schwereren Elemente aus der Photosphäre in eine Region unterhalb der Konvektionszone von Epsilon Eridani bewegt haben, wo sie für uns nicht mehr sichtbar sind.

Im Röntgenbereich ist Epsilon Eridani heller als die Sonne. Die Quelle für diese starke Röntgenemission ist die heiße Korona, die noch größer und heißer ist als die der Sonne.

Epsilon Eridani verliert über seinen Sonnenwind 30 Mal mehr Masse als die Sonne. Der von dem Stern produzierte Sonnenwind breitet sich aus, bis er mit dem umgebenden interstellaren Medium aus diffusem Gas und Staub kollidiert, was zu einer Blase aus erhitztem Wasserstoffgas führt (einer Astrosphäre, das Äquivalent zur Heliosphäre, die die Sonne umgibt). Diese Einflusssphäre des Sterns erstreckt sich über etwa 8.000 Astronomische Einheiten (AE); könnte man sie von der Erde aus sehen, wäre sie größer als der Vollmond. Die Heliosphäre der Sonne hingegen hat nur einen Radius von 120 AE.

Wir haben festgestellt, dass Epsilon Eridani ein kleiner, orangefarbener Hauptreihenstern ist. Orange bedeutet eine recht niedrige Temperatur und sorgt wie die geringe Größe dafür, dass der Stern seinen Wasserstoff nicht so schnell verbraucht wie zum Beispiel der weiß-blaue Sirius. Im Gegensatz zu seinen Kollegen, den rot-orangefarbenen Riesen und den helleren Hauptreihensternen, kann Epsilon Eridani sich also auf eine längere Lebenszeit als unsere Sonne freuen. Während die Lebenserwartung der Sonne bei etwa 10 Milliarden Jahren liegt (wovon 4,5 Milliarden schon vergangen sind), wird Epsilon Eridani seinen Brennstoff erst in 23,2 Milliarden Jahren verbraucht haben. Sollte es dort einen bewohnbaren Planeten geben, wäre dieser für die Menschheit ein guter Zweitwohnsitz und spätestens dann lebensrettend, wenn unsere Sonne zum Roten Riesen anschwillt.

Die Staubscheibe

Beobachtungen mit dem James-Clerk-Maxwell-Teleskop bei einer Wellenlänge von 850 µm (Infrarot) zeigen einen ausgedehnten Strahlungsfluss bis zu einem Winkelradius von 35 Bogensekunden um Epsilon Eridani. Das Maximum der Emission tritt bei einem Winkelradius von 18 Bogensekunden auf, was einem Radius von etwa 60 AE entspricht. Die höchste Emission tritt in einem Radius von 35-75 AE um Epsilon Eridani auf und wird innerhalb von 30 AE deutlich reduziert. Diese Emission könnte von einer Entsprechung zum Kuiper-Gürtel des Sonnensystems stammen: einer kompakten, staubigen Scheibenstruktur, die den Stern umgibt.

Staub und möglicherweise auch Wassereis aus diesem Gürtel wandern langsam auf Epsilon Eridani zu. Die Zeitskala, in der der gesamte Staub in der Scheibe dadurch weggeräumt sein müsste, ist kleiner als das geschätzte Alter von Epsilon Eridani. Daher muss die aktuelle Staubscheibe durch Kollisionen oder andere Effekte von größeren Mutterkörpern entstanden sein, und die Scheibe repräsentiert ein spätes Stadium im Prozess der Planetenbildung. Es wären Kollisionen zwischen Elternkörpern mit insgesamt 11 Erdmassen nötig gewesen, um die Scheibe über ihr geschätztes Alter hinaus in ihrem jetzigen Zustand zu erhalten.

Die Scheibe enthält eine geschätzte Masse an Staub, die einem Sechstel der Masse des Mondes entspricht, mit einzelnen Staubkörnern von mehr als 3,5 µm Größe bei einer Temperatur von etwa 55 K. Dieser Staub wird durch die Kollision von Kometen erzeugt, die einen Durchmesser von 10 bis 30 km haben und eine kombinierte Masse von 5 bis 9 Erdmassen. Das entspricht in etwa den geschätzten 10 Erdmassen im primordialen Kuipergürtel der Sonne.

Die klumpige Struktur des Staubgürtels kann durch die Gravitationsstörung eines Planeten erklärt werden, der als Epsilon Eridani b bezeichnet wird (siehe unten). Die

Klumpen im Staub treten auf Umlaufbahnen auf, die eine ganzzahlige Resonanz mit der Umlaufbahn des vermuteten Planeten haben. Zum Beispiel befindet sich der Bereich der Scheibe, der zwei Umläufe für jeweils drei Umläufe eines Planeten absolviert, in einer 3:2 Orbitalresonanz. Alternativ könnte die Klumpigkeit durch Kollisionen zwischen Kleinplaneten, den sogenannten Plutinos, verursacht worden sein.

Die Asteroidengürtel

Beobachtungen des Spitzer-Weltraumteleskops der NASA deuten darauf hin, dass Epsilon Eridani außerdem zwei Asteroidengürtel und eine Wolke aus exozodiakalem Staub besitzt. Letzterer ist ein Analogon zum zodiakalen Staub, der sich in der Ebene des Sonnensystems befindet und von der Erde aus als Zodiakallicht sichtbar wird. Der eine Gürtel befindet sich etwa an der gleichen Position wie der im Sonnensystem, umkreist in einem Abstand von 3,00 AE Epsilon Eridani und besteht aus Silikatkörnern mit einem Durchmesser von 3 µm und einer Gesamtmasse von etwa 10^{18} kg. Wenn der Planet Epsilon Eridani b existiert, dann ist es unwahrscheinlich, dass dieser Gürtel eine Quelle außerhalb der Umlaufbahn des Planeten hatte, sodass der Staub durch Fragmentierung und Kraterbildung von größeren Körpern wie Asteroiden entstanden sein könnte. Der zweite, dichtere Gürtel, der höchstwahrscheinlich ebenfalls von Asteroiden bevölkert ist, liegt zwischen dem ersten Gürtel und der äußeren Staubscheibe. Die Struktur der Gürtel und der Staubscheibe legt nahe, dass mehr als zwei Planeten im Epsilon-Eridani-System nötig sind, um diese Konfiguration aufrechtzuerhalten.

Die innere Region um Epsilon Eridani, ab einem Radius von 2,5 AE nach innen, scheint bis zur Nachweisgrenze frei von Staub zu sein. Die Staubkörner in dieser Region werden durch den Sternwind hinweggefegt, während das Vorhandensein eines Planetensystems dazu beiträgt, diesen Bereich frei von Trümmern zu halten. Dennoch schließt dies nicht die Möglichkeit aus, dass ein innerer Asteroidengürtel vorhanden ist, dessen Gesamtmasse nicht größer ist als die des Asteroidengürtels im Sonnensystem.

Planet AEgir

Dieser Planet, der als Epsilon Eridani b bezeichnet wird, wurde im Jahr 2000 angekündigt, aber die Entdeckung blieb lange umstritten. Eine umfassende Studie im Jahr 2008 bezeichnete die Entdeckung als »vorläufig« und beschrieb den vorgeschlagenen Planeten als »lange vermutet, aber immer noch unbestätigt«. Viele Astronomen glauben jedoch, dass die Beweise ausreichend überzeugend sind, sodass sie die Entdeckung als bestätigt ansehen. So hat die Internationale Astronomische Union dem Planeten inzwischen den Namen AEgir gegeben.

Die grundlegenden Parameter des Planeten scheinen allerdings noch unklar zu sein. Die Werte für seine Umlaufzeit reichen von 6,85 bis 7,2 Jahren. Die große Halbachse seiner elliptischen Umlaufbahn könnte zwischen 3,38 AE und 3,50 AE liegen, und die Näherungswerte für seine Bahnexzentrizität reichen von 0,25 bis 0,7. Das wären hohe Werte. Pluto, den wir auch als ziemlich exzentrisch kennen, hat nur eine Exzentrizität von 0,24.

Falls der Planet existiert, bleibt seine Masse unbekannt, aber eine untere Grenze kann anhand der Bahnverschiebung von Epsilon Eridani abgeschätzt werden. Damit kommt man dann auf etwa 1,2 bis 1,5 Jupitermassen für die Masse des Planeten. Es ist sehr unwahrscheinlich, dass sich auf diesem Planeten oder gar auf seinen eventuellen Monden Leben entwickeln kann. Die Temperatur schwankt wegen der eiförmigen Umlaufbahn zu stark, und er ist viel zu weit von Epsilon Eridani entfernt, um warm genug zu sein, um Leben, wie wir es kennen, zu ermöglichen.

Weitere Planeten

Computersimulationen der Staubscheibe, die Epsilon Eridani umkreist, legen nahe, dass die Form der Scheibe durch die Anwesenheit eines zweiten Planeten erklärt werden kann. Der postulierte Epsilon Eridani c würde in einer Entfernung von 40 AE kreisen, mit einer Periode von 280 Jahren. Aktuelle Modelle der Planetenentstehung können allerdings nicht ohne weiteres erklären, wie ein Planet in dieser Entfernung von Epsilon Eridani entstanden sein könnte. Eigentlich müsste sich die Staubscheibe aufgelöst haben, lange bevor sich Planet c hätte bilden können. Womöglich ist er aber auch in einem Abstand von etwa 10 AE geboren worden und dann nach außen gewandert.

Ein bewohnbarer Planet, wie ihn die Majestätische Dracht in diesem Roman besucht, müsste sich wesentlich näher am Stern befinden. In einem Abstand von 0,61 AE würde er genau dieselbe Wärmemenge empfangen wie die Erde von der Sonne bei 1 AE. Die bewohnbare Zone eines vermuteten erdähnlichen Planeten, der Epsilon Eridani umkreist, erstreckt sich derzeit von etwa 0,5 bis 1,0 AE. Wenn der Stern allerdings älter wird, wird auch seine Leuchtkraft zunehmen, sodass sich diese Zone langsam auf etwa 0,6 bis 1,4 AE ausdehnen wird.

Ein Hindernis ist allerdings die ultraviolette Strahlung, die ein junger Stern wie Epsilon Eridani erzeugen kann. Die Evolution hat hier insofern Glück, als Epsilon Eridani ja auch weniger hell als die Sonne ist. Der Orbitalradius, bei dem der UV-Fluss dem der frühen Erde entspricht, liegt bei knapp 0,5 AE, also noch nicht einmal innerhalb der habitablen Zone.

Wie immer gilt natürlich, dass Sie über hardsf.de/fortsetzung eine bebilderte Version der folgenden Biografie bestellen können. Wollen Sie sehen, wie Epsilon Eridani in Wirklichkeit aussieht? Viel Spaß dabei!

DER
FUND
DIE HEGEMONIE VON KRAYT 1
CLIFF ALLISTER